SE 07

Curso
MAD360

La diferencia entre aprobar
y sacar plaza

Técnico Medio Sanitario en Farmacia
SERVICIO MADRILEÑO DE SALUD

Si aún no dispones de tu **Curso MAD360**, te ofrecemos un acceso GRATIS de 30 días para que disfrutes de los siguientes recursos:

AF212337

- Técnicas de Memoria 360.
- MADTEST: Test *online* Nivel PRO.
- Temario en formato digital.
- Planificación de estudio.
- Foro entre opositores hasta la fecha del examen.*
- Recursos y novedades exclusivas.
- Consúltanos sobre tu oposición y proceso selectivo.
- Actualizaciones legislativas (Boletines Oficiales) hasta 60 días antes de la fecha del examen.*

Para acceder a esta prueba del Curso MAD360** será necesaria la compra de todos los libros para esta especialidad de la edición 2025.

Regístrate en **mad.es/iniciar-sesion** y en la pestaña MIS CURSOS valida los códigos que encuentras en la última página de tus libros.

NOTA IMPORTANTE:

* Examen de esta categoría profesional correspondiente a la convocatoria publicada en el BOCM n.º 181, de 31 de julio de 2025, o hasta el 31 de octubre de 2026, lo que se cumpla antes, y previa renovación del servicio.

** El acceso al CURSO MAD360 estará disponible desde octubre de 2025 (algunos recursos podrían estar disponibles en fecha posterior). Tendrá una duración de 30 días RENOVABLES mediante pago, desde la validación de códigos, o hasta el 30 de abril de 2027, lo que se cumpla antes.

MAD se reserva el derecho a ampliar dichas fechas.

Técnico Medio Sanitario en Farmacia del Servicio Madrileño de Salud

Octubre, 2025

Técnico Medio Sanitario en Farmacia del Servicio Madrileño de Salud

Test del temario

Autores

LIDIA PONCE MARTÍNEZ
Licenciada en Psicología

ELENA GARCÍA FERNÁNDEZ
Licenciada en Derecho

DOMINGO GÓMEZ MARTÍNEZ
Licenciado en Derecho
Técnico de Función Administrativa del SAS

LUIS SILVA GARCÍA
Diplomado Universitario en Enfermería

JUAN MANUEL GIL RAMOS
Licenciado en Medicina. Master en Salud Ambiental.
Médico Puericultor

M.ª JOSÉ GARCÍA BERMEJO
Licenciada en Biología
Técnico Especialista en Laboratorio

© 7 Editores Recursos para la Cualificación Profesional y el Empleo, S.L. (7 Editores)
© Los autores
Primera edición, octubre 2025 (180 páginas)
Derechos de edición reservados a favor de 7 Editores
IMPRESO EN ESPAÑA
Diseño Portada: 7 Editores
Edita: 7 Editores
Avda. San Francisco Javier, 9 · Edificio Sevilla 2 · Planta 11 · Módulos 25-27 · 41018 Sevilla
Teléfono: 954 784 411 · WEB: www.mad.es · e-mail: administracion@7editores.com
ISBN: 978-84-142-9994-4
© "Editorial Mad" y "Eduforma" son nombres comerciales registrados de
7 Editores Recursos para la Cualificación Profesional y el Empleo, S.L.

Índice

TEST N.º 1

El derecho a la protección de la salud en la Constitución Española de 1978 y en la Ley 14/1986, de 25 de abril, General de Sanidad. Ley 41/2002, de 14 de noviembre, básica reguladora de la Autonomía del Paciente y de Derechos y Obligaciones en materia de Información y Documentación Clínica

1. La Ley General de Sanidad se aprobó en:

a) 1975.
b) 1986.
c) 1985.
d) 1976.

2. La Ley General de Sanidad tiene la condición de norma básica y es de aplicación en todo el territorio nacional, y las Comunidades Autónomas:

a) No pueden dictar otras normas de desarrollo o complementaria de esta Ley.
b) Pueden dictar otras normas, que regulen el derecho a la protección a la salud en su territorio con independencia de lo dispuesto en dicha Ley.
c) Podrán dictar normas de desarrollo y complementarias de dicha Ley en el ejercicio de las competencias que le atribuyen los correspondientes Estatutos de Autonomía.
d) Podrán dictar otras normas, que desarrollen el derecho a la protección de la salud y que también son de aplicación en todo el territorio nacional.

3. ¿En qué artículo de la Constitución de 1978 se reconoce el derecho a la salud de todos los ciudadanos?

a) Artículo 23.
b) Artículo 32.
c) Artículo 34.
d) Artículo 43.

4. La Ley 14/1986 de 25 de abril, General de Sanidad, establece en su Art. 1 del Título Preliminar, respecto a la protección de la salud y la atención sanitaria:

a) Son titulares del derecho a la protección de la salud, los ciudadanos españoles y extranjeros nacidos en España, que residan en territorio español.

b) Son titulares del derecho a la atención sanitaria, todos los españoles que tengan establecida su residencia dentro o fuera de España.

c) Tienen el derecho los extranjeros no residentes en España, así como los españoles fuera del territorio nacional, tendrán garantizado el derecho en la forma que las leyes y convenios internacionales establezcan.

d) El derecho a la protección de la salud y a la atención sanitaria se reconoce a todos los españoles y extranjeros.

5. El objeto de la Ley General de Sanidad es:

a) La reforma del sistema sanitario privado.

b) Las necesidades de mejora en los servicios prestados a los ciudadanos extranjeros.

c) La distribución de competencias entre el Estado y las Comunidades Autónomas y las Corporaciones Locales.

d) Hacer efectivo el derecho a la protección de la salud.

6. La reforma que encarna la Ley 14/1986 descansa sobre la directriz de:

a) La gratuidad de la sanidad.

b) La creación de un Sistema Nacional de Salud.

c) La participación ciudadana.

d) La coordinación de las Administraciones públicas.

7. La Ley de Autonomía del Paciente establece la obligatoriedad de obtener el consentimiento informado del paciente:

a) Sólo en los casos de intervención quirúrgica.

b) Sólo en los casos de aplicación de procedimientos que supongan grandes riesgos o inconvenientes de notoria repercusión negativa sobre su salud.

c) Para toda actuación en el ámbito de su salud.

d) La Ley no establece esta obligación.

8. Tal y como establece la Ley 41/2002, de Autonomía del Paciente, en caso de que el paciente no acepte el tratamiento se le propondrá que firme el alta voluntaria y si no la firma la Dirección del Centro:

a) Puede disponer el alta forzosa.

b) Firmará en su nombre el alta involuntaria.

c) Mantendrá el ingreso por periodo mínimo de cinco días naturales.

d) No está reconocida la negativa al tratamiento de los pacientes.

9. El derecho del paciente a no ser informado:

a) No está reconocido por la ley.
b) Podrá restringirse en cualquier momento.
c) Podrá limitarse por el interés de la salud del paciente.
d) Sólo podrá ejercitarse si el paciente designa a un familiar o a otra persona a la que se le facilite la información.

10. El reconocimiento legal de que se respeten los deseos expresados anteriormente en el documento de *instrucciones previas* es una manifestación del derecho:

a) A la información sanitaria.
b) A la segunda opinión.
c) A la autonomía del paciente.
d) A la información post-mortem.

11. Indica la proposición incorrecta en relación con los requisitos del consentimiento:

a) Debe ser libre.
b) Debe ser voluntario.
c) La decisión de consentir debe anteceder a una información adecuada.
d) La persona que lo presta debe tener capacidad para conocer, comprender y querer el alcance de su decisión.

12. La Ley 41/2002, de Autonomía del Paciente, establece que, como regla general, el consentimiento se manifestará en forma:

a) Verbal.
b) Escrita.
c) Documental.
d) Ante testigos.

13. Según establece la Ley 41/2002, de Autonomía del Paciente, el paciente o usuario tiene derecho a decidir libremente entre las opciones clínicas disponibles después de recibir:

a) Información completa.
b) Información adecuada.
c) Información documental.
d) Información escrita.

14. La renuncia del paciente a recibir información:

a) No se reconoce por la ley.
b) Está limitada por el interés de la salud del propio paciente.

c) No está limitada por el interés de la salud de terceros.

d) Ninguna de las anteriores es correcta.

15. Según establece la Ley de Autonomía del Paciente, el consentimiento se prestará por escrito en el caso de:

a) Realización de una actuación sanitaria en el paciente.

b) Aplicación en el paciente de un procedimiento no invasor.

c) Intervención quirúrgica.

d) Aplicación de procedimientos de imprevisible repercusión negativa sobre la salud del paciente.

En MADTEST tienes **más preguntas de este tema**, y todos tus avances quedan registrados y se reflejan en el ranking.

¡Supera tus límites con MADTEST!

Solución al test n.º 1

1. b) 1986.

2. c) Podrán dictar normas de desarrollo y complementarias de dicha Ley en el ejercicio de las competencias que le atribuyen los correspondientes Estatutos de Autonomía.

3. d) Artículo 43.

4. c) Tienen el derecho los extranjeros no residentes en España, así como los españoles fuera del territorio nacional, tendrán garantizado el derecho en la forma que las leyes y convenios internacionales establezcan.

5. d) Hacer efectivo el derecho a la protección de la salud.

6. b) La creación de un Sistema Nacional de Salud.

7. c) Para toda actuación en el ámbito de su salud.

8. a) Puede disponer el alta forzosa.

9. c) Podrá limitarse por el interés de la salud del paciente.

10. c) A la autonomía del paciente.

11. c) La decisión de consentir debe anteceder a una información adecuada.

12. a) Verbal.

13. b) Información adecuada.

14. b) Está limitada por el interés de la salud del propio paciente.

15. c) Intervención quirúrgica.

TEST N.º 2

Ley 44/2003, de 21 de noviembre, de Ordenación de las Profesiones Sanitarias: objeto, ámbito de aplicación, ejercicio de las profesiones sanitarias, formación y desarrollo profesional

1. En la Ley de Ordenación de las Profesiones Sanitarias el higienista dental forma parte del Grupo de profesiones:

a) De nivel Licenciado.
b) De nivel Diplomado.
c) De grado medio.
d) Relacionadas con la salud dental.

2. En la Ley de Ordenación de las Profesiones Sanitarias no se regula la formación:

a) Complementaria.
b) Continuada.
c) Pregraduada.
d) Especializada.

3. La Ley de Ordenación de las Profesiones Sanitarias considera profesiones sanitarias aquellas que la normativa universitaria reconoce como titulaciones del ámbito de la salud y:

a) Que, además, ya se regularon específicamente en la Ley de Bases de la Sanidad Nacional de 25 de noviembre de 1944.
b) Que gozan de una organización colegial reconocida por los poderes públicos.
c) Las que se acreditan mediante un título de formación profesional de la familia profesional Sanidad.
d) Todas las respuestas anteriores son correctas.

4. En la Ley de Ordenación de las Profesiones Sanitarias, Técnico Superior en Salud Ambiental es una profesión sanitaria:

a) De nivel Licenciado.
b) De nivel Diplomado.

c) De grado medio.

d) De formación profesional.

5. La prevención y lucha contra la zoonosis es una función específicamente atribuida a los:

a) Médicos.

b) Veterinarios.

c) Enfermeros.

d) Dietistas-Nutricionistas.

6. Para ejercer una profesión sanitaria será requisito imprescindible:

a) Haber realizado un máster.

b) Tener suscrito y vigente un seguro de responsabilidad, un aval u otra garantía financiera.

c) La certificación acreditativa del Ministerio de Educación.

d) La autorización de la correspondiente Administración Sanitaria.

7. Pertenece al Grupo de grado medio de profesiones sanitarias de formación profesional el título de Técnico de:

a) Farmacia.

b) Dietética.

c) Radioterapia.

d) Ortoprótesis.

8. La indicación y realización de las actividades dirigidas a la promoción y mantenimiento de la salud, a la prevención de las enfermedades y al diagnóstico, tratamiento, terapéutica y rehabilitación de los pacientes, así como al enjuiciamiento y pronóstico de los procesos objeto de atención es una función:

a) General de las profesiones sanitarias.

b) General de los licenciados sanitarios.

c) Específica de los médicos.

d) Específica de los dentistas.

9. Es función general de los diplomados sanitarios:

a) La prestación personal directa que sea necesaria en las diferentes fases del proceso de atención integral de salud y, en su caso, la dirección y evaluación del desarrollo global de dicho proceso.

b) La prestación personal de los cuidados o los servicios propios de su competencia profesional en las distintas fases del proceso de atención de salud.

c) La dirección, evaluación y prestación de los cuidados de enfermería orientados a la promoción, mantenimiento y recuperación de la salud, así como a la prevención de enfermedades y discapacidades.

d) La prestación de los cuidados propios de su disciplina, a través de tratamientos con medios y agentes físicos, dirigidos a la recuperación y rehabilitación de personas con disfunciones o discapacidades somáticas, así como a la prevención de las mismas.

10. Según dispone la Ley de Ordenación de las Profesiones Sanitarias, los centros sanitarios han de revisar que los profesionales sanitarios de su plantilla cumplen los requisitos necesarios para ejercer la profesión conforme a la ley:

a) Cada tres años como mínimo.

b) Cada cinco años.

c) Solo en el proceso selectivo de acceso.

d) Con la periodicidad que determine el Ministerio de Sanidad o el órgano competente en materia de Sanidad de cada comunidad autónoma.

11. La atención sanitaria integral propicia:

a) El trabajo individual.

b) La dirección por objetivos.

c) El trabajo en equipo.

d) La participación de los colegios profesionales.

12. Según dispone la Ley de Ordenación de las Profesiones Sanitarias, en el supuesto de que, como consecuencia de la naturaleza jurídica de la relación en virtud de la cual se ejerza la profesión, el profesional haya de actuar en un asunto, forzosamente, conforme a criterios profesionales diferentes de los suyos:

a) Podrá negarse a actuar.

b) Podrá hacerlo constar así por escrito.

c) Deberá ponerlo en conocimiento del Ministerio Fiscal y esperar la resolución de este.

d) Deberá negarse a actuar, debiendo comunicar su negativa a la Dirección del centro.

13. Según dispone la Ley de Ordenación de las Profesiones Sanitarias, el ejercicio de las profesiones sanitarias se llevará a cabo:

a) Con plena autonomía técnica y científica.

b) Con plena autonomía de gestión.

c) De forma colegiada.

d) Mediante la delegación de actuaciones.

14. La Ley de Ordenación de las Profesiones Sanitarias dispone que para el ejercicio de una profesión sanitaria será requisito imprescindible:

a) Estar colegiado, cuando una ley establezca esta obligación para el ejercicio de una profesión titulada o algunas actividades propias de esta.

b) Estar colegiado, cuando una ley estatal establezca esta obligación para el ejercicio de una profesión titulada o algunas actividades propias de esta.

c) Estar colegiado, salvo que se trate de una prestación de servicios como profesional de un Servicio de Salud en régimen de dedicación exclusiva.

d) Ninguna de las respuestas anteriores es correcta.

15. La Ley de Ordenación de las Profesiones Sanitarias al regular las relaciones interprofesionales y el trabajo en equipo establece que la atención sanitaria integral:

a) Propicia la superposición entre procesos asistenciales atendidos por distintos titulados o especialistas.

b) Supone la cooperación multidisciplinaria.

c) No favorece la continuidad asistencial.

d) Todas las respuestas anteriores son correctas.

En MADTEST tienes **más preguntas de este tema**, y todos tus avances quedan registrados y se reflejan en el ranking.

¡Supera tus límites con MADTEST!

Solución al test n.º 2

1. d) Relacionadas con la salud dental.

2. a) Complementaria.

3. b) Que gozan de una organización colegial reconocida por los poderes públicos.

4. d) De formación profesional.

5. b) Veterinarios.

6. b) Tener suscrito y vigente un seguro de responsabilidad, un aval u otra garantía financiera.

7. a) Farmacia.

8. c) Específica de los médicos.

9. b) La prestación personal de los cuidados o los servicios propios de su competencia profesional en las distintas fases del proceso de atención de salud.

10. a) Cada tres años como mínimo.

11. c) El trabajo en equipo.

12. b) Podrá hacerlo constar así por escrito.

13. a) Con plena autonomía técnica y científica.

14. b) Estar colegiado, cuando una ley estatal establezca esta obligación para el ejercicio de una profesión titulada o algunas actividades propias de esta.

15. b) Supone la cooperación multidisciplinaria.

TEST N.º 3

Ley 55/2003, de 16 de diciembre, del Estatuto Marco del personal estatutario de los servicios de salud: objeto y ámbito de aplicación, clasificación de personal estatutario, derechos y deberes, situaciones, selección, incompatibilidades, régimen disciplinario y modelo de desarrollo profesional

1. El Personal Estatutario con nombramiento expedido para el desempeño de funciones de gestión o para el desempeño de profesiones u oficios que no tengan carácter sanitario se denomina:

a) Personal universitario.
b) Personal de gestión y servicios.
c) Personal directivo.
d) Personal administrativo.

2. Según establece el art. 8 de la Ley 55/2003, de 16 de diciembre, del Estatuto Marco de los Servicios de Salud, es personal estatutario fijo:

a) El que, una vez superado el correspondiente proceso selectivo, obtiene un nombramiento para el desempeño, con carácter permanente, de las funciones que de tal nombramiento se deriven.
b) Todo el personal al servicio de los Servicios de Salud.
c) El personal que realice una prestación de servicios determinados de naturaleza temporal, coyuntural o extraordinaria.
d) El personal en posesión de un contrato laboral indefinido.

3. Conforme a lo dispuesto en el artículo 2.2 de la Ley 55/2003, de 16 de diciembre, del Estatuto Marco del Personal Estatutario de los Servicios de Salud, en lo no previsto en la misma serán aplicables al personal estatutario:

a) Las disposiciones y principios generales sobre función pública de la Administración correspondiente.
b) Las disposiciones de derecho laboral, dictadas al amparo del artículo 149.1.7º de la Constitución.

c) Las disposiciones sobre función pública de la Administración del Estado, en todo caso, conforme a lo dispuesto en el artículo 149.3 de la Constitución.

d) El convenio colectivo del personal laboral al servicio de la Administración correspondiente.

4. Conforme al artículo 6.2 de la Ley 55/2003, de 16 de diciembre, del Estatuto Marco del Personal Estatutario de los Servicios de Salud, atendiendo al nivel académico del título exigido para el ingreso, el personal estatutario sanitario de formación profesional se divide en:

a) Técnicos sanitarios y Auxiliares de Enfermería.

b) Técnicos superiores y Técnicos.

c) Técnicos superiores y Técnicos de gestión.

d) Técnicos especialistas y Técnicos.

5. La categoría profesional de Celador está comprendida dentro del grupo de:

a) Personal de gestión y servicios.

b) Personal no estatutario.

c) Personal estatutario sanitario.

d) Personal estatutario de formación profesional.

6. Entre los siguientes derechos que le reconoce el Estatuto Marco al personal estatutario, ¿cuál de ellos no tiene el carácter de derecho individual?

a) La estabilidad en el empleo.

b) El respeto a la dignidad e intimidad personal en el trabajo.

c) La formación continuada adecuada a la función desempeñada.

d) Disponer de servicios de prevención y de órganos representativos en materia de seguridad laboral.

7. Podrá concurrir a las pruebas selectivas, por el sistema de promoción interna, el personal estatutario fijo que se encuentre en servicio activo y con nombramiento como personal estatutario fijo, en la categoría de procedencia, durante al menos:

a) 2 años.

b) 3 años.

c) 4 años.

d) 5 años.

8. El régimen de derechos del Personal Estatutario será aplicable al personal temporal:

a) En la medida en que la naturaleza del derecho lo permita.

b) En todo caso.

c) En ningún caso.

d) Solo cuando así se establezca en su nombramiento.

9. Según el Estatuto Marco, la selección de Personal Estatutario fijo se efectuará con carácter general a través del sistema de:

a) Oposición.
b) Concurso-oposición.
c) Concurso.
d) Pruebas selectivas.

10. El Personal Estatutario de los Servicios de Salud tiene el deber de:

a) Participar en la elaboración de los convenios colectivos.
b) Realizar sus funciones fuera del horario y jornada habitual.
c) Realizar actividades sindicales.
d) Respetar la Constitución, el Estatuto de Autonomía correspondiente y el resto del ordenamiento jurídico.

11. Según el Estatuto Marco del Personal Estatutario de los Servicios de Salud, ¿cuál de los siguientes es un derecho colectivo?

a) Derecho a la percepción puntual de las retribuciones e indemnizaciones por razón del servicio en cada caso establecidas.
b) Derecho a la libre sindicación.
c) Derecho a la movilidad voluntaria, promoción interna y desarrollo profesional, en la forma en que prevean las disposiciones en cada caso aplicables.
d) Derecho a la jubilación en los términos y condiciones establecidas en las normas en cada caso aplicables.

12. Según el art. 5 del Estatuto Marco, el Personal Estatutario se clasifica atendiendo a: (señala la respuesta incorrecta):

a) La función desarrollada.
b) El nivel del título exigido para el ingreso.
c) El tipo de nombramiento.
d) El expediente laboral.

13. La especial dificultad técnica, dedicación, responsabilidad, incompatibilidad, peligrosidad o penosidad de algunos puestos de trabajo del Personal Estatutario, se retribuye a través del:

a) Complemento de destino.
b) Complemento de atención continuada.
c) Complemento específico.
d) Complemento de productividad.

14. La jornada realizada por el personal estatutario fuera de la jornada ordinaria de trabajo con el fin de garantizar la adecuada atención permanente al usuario de los centros sanitarios, se denomina:

a) Jornada extraordinaria.
b) Jornada complementaria.
c) Jornada partida.
d) Jornada de servicios localizados.

15. Solo una de las siguientes afirmaciones referidas a la "movilidad voluntaria" es cierta dentro de las prescripciones del Estatuto Marco del Personal Estatutario:

a) Los procedimientos se han de efectuar cada dos años.
b) Se garantiza en términos de igualdad efectiva entre los diferentes Servicios de Salud.
c) En casos excepcionales se pueden resolver los procedimientos por libre designación.
d) El plazo posesorio en el nuevo destino es siempre de un mes.

En MADTEST tienes **más preguntas de este tema**, y todos tus avances quedan registrados y se reflejan en el ranking.

¡Supera tus límites con MADTEST!

Solución al test n.º 3

1. b) Personal de gestión y servicios.

2. a) El que, una vez superado el correspondiente proceso selectivo, obtiene un nombramiento para el desempeño, con carácter permanente, de las funciones que de tal nombramiento se deriven.

3. a) Las disposiciones y principios generales sobre función pública de la Administración correspondiente.

4. b) Técnicos superiores y Técnicos.

5. a) Personal de gestión y servicios.

6. d) Disponer de servicios de prevención y de órganos representativos en materia de seguridad laboral.

7. a) 2 años.

8. a) En la medida en que la naturaleza del derecho lo permita.

9. b) Concurso-oposición.

10. d) Respetar la Constitución, el Estatuto de Autonomía correspondiente y el resto del ordenamiento jurídico.

11. b) Derecho a la libre sindicación.

12. d) El expediente laboral.

13. c) Complemento específico.

14. b) Jornada complementaria.

15. b) Se garantiza en términos de igualdad efectiva entre los diferentes Servicios de Salud.

TEST N.º 4

Estructura Sanitaria de la Comunidad de Madrid. Ley 12/2001, de 21 de diciembre, de Ordenación Sanitaria de la Comunidad de Madrid (LOSCAM). Las áreas sanitarias. Red Sanitaria Única de Utilización Pública. Derechos y deberes de los ciudadanos

1. ¿En qué año se aprobó la Ley de Ordenación Sanitaria de la Comunidad de Madrid?

a) 2001.
b) 2002.
c) 2003.
d) 2008.

2. ¿A qué órgano le corresponde la aprobación de la estructura orgánica de la Consejería de Sanidad?

a) A la Asamblea de la Comunidad de Madrid.
b) Al Consejo de Gobierno de la Comunidad de Madrid.
c) A la propia Consejería de Sanidad.
d) Ninguna es correcta.

3. La aprobación del Plan de Salud es competencia de:

a) La Consejería de Sanidad.
b) El Consejo de Gobierno.
c) La Asamblea.
d) Ninguna es correcta.

4. La protección de la salud, la ordenación y la organización del Sistema Sanitario de la Comunidad de Madrid, se ajustarán a los siguientes principios. Indica la opción incorrecta:

a) Orientación del Sistema a los ciudadanos, estableciendo los instrumentos necesarios para el ejercicio de sus derechos, reconocidos en esta Ley, especialmente, la equidad en el acceso y la libre elección.

b) Concepción integral de nuestro Sistema Sanitario, incluyendo la promoción de la salud, la educación sanitaria, la prevención, la asistencia en caso de enfermedad, la rehabilitación, la investigación y la formación sanitaria.

c) Concepción integrada del Sistema Sanitario de la Comunidad de Madrid, incluyendo todos los dispositivos sanitarios con independencia de su titularidad.

d) Universalización de los servicios sanitarios de carácter individual exclusivamente para las personas residentes en la Comunidad de Madrid, en todo caso, en la forma y condiciones previstas en la legislación general que resulte de aplicación, atendiendo a los principios de igualdad y solidaridad y equidad en el acceso.

5. La Red Sanitaria Única de Utilización Pública integrada por todos los proveedores sanitarios públicos dependientes de la Comunidad de Madrid y por aquellos privados o públicos que, previa acreditación y concertación, puedan prestar servicios al Sistema Público, según se establezca reglamentariamente, tiene carácter:

a) Orgánico.

b) Funcional.

c) Territorial.

d) Ninguna es correcta.

6. ¿Qué órgano es competente para nombrar y cesar al Director General del Servicio Madrileño de Salud?

a) El Consejero de Sanidad.

b) El Consejo de Gobierno de la Comunidad de Madrid.

c) La Asamblea Legislativa.

d) El Presidente del Gobierno de la Comunidad de Madrid.

7. Una de las siguientes competencias no corresponde al Consejo de Gobierno de la Comunidad de Madrid:

a) La aprobación de la estructura orgánica del Servicio Madrileño de la Salud, el acuerdo de constitución de organismos dependientes del mismo y de su proyecto de presupuesto.

b) La aprobación de la estructura orgánica del Instituto de Salud Pública de la Comunidad de Madrid, el acuerdo de constitución de organismos dependientes del mismo y de su proyecto de presupuesto.

c) La aprobación de la estructura orgánica de la Agencia de Formación, Investigación y Estudios Sanitarios de la Comunidad de Madrid, el acuerdo de constitución de organismos dependientes de la misma y su proyecto de presupuesto.

d) La aprobación del Plan de Salud.

8. Indica cuál de las siguientes competencias, corresponde a la Consejería de Sanidad:

a) El establecimiento de normas y criterios de actuación en cuanto a la acreditación de centros y servicios.

b) El nombramiento y cese del Director General de la Agencia de Formación, Investigación y Estudios Sanitarios de la Comunidad de Madrid.

c) La aprobación de la estructura orgánica del Servicio Madrileño de la Salud, el acuerdo de constitución de organismos dependientes del mismo y de su proyecto de presupuesto.

d) Ninguna es correcta.

9. La dirección, planificación y programación del Sistema Sanitario es competencia de:

a) La Consejería de Sanidad.

b) El Gobierno de la Comunidad de Madrid.

c) El órgano competente de la Consejería de Sanidad.

d) Ninguna es correcta.

10. El dispositivo sanitario público y las prestaciones sanitarias derivadas del Sistema Nacional de Salud se financiarán con cargo a:

a) Los recursos que le puedan corresponder por la participación de la Comunidad de Madrid en los Presupuestos Generales del Estado.

b) Los rendimientos obtenidos de los fondos y tributos cedidos total o parcialmente por el Estado a la Comunidad de Madrid para fines sanitarios.

c) Los recursos no contemplados en el apartado b) anterior que le puedan ser asignados con cargo a los Presupuestos Generales de la Comunidad de Madrid.

d) Todas son correctas.

11. La aprobación del informe del Estado de Salud de la Comunidad de Madrid, es una competencia de:

a) El Consejo de Gobierno.

b) La Consejería de Sanidad.

c) El Servicio Madrileño de Salud.

d) El Ministerio competente en Sanidad.

12. En lo que respecta a la Salud Laboral, las Administraciones Públicas de la Comunidad de Madrid:

a) Desarrollarán la prevención, protección, promoción y mejora de la salud integral del trabajador.

b) Prestarán la asistencia farmacéutica promoviendo su correcta y adecuada utilización.

c) Controlarán y mejorarán la calidad de la asistencia sanitaria en todos sus niveles.

d) Fomentarán las actividades de investigación en el campo de las ciencias de la salud e innovación tecnológica.

13. Constituyen fuentes de financiación del Sistema Sanitario Público de la Comunidad de Madrid las siguientes. Indica la opción incorrecta:

a) Las partidas consignadas en los presupuestos de los Ayuntamientos de la Comunidad de Madrid que, con carácter suficiente, estén destinadas a atender el gasto que se derive del cumplimiento de las funciones y competencias sanitarias que les correspondan.

b) Las subvenciones y aportaciones voluntarias de entidades y particulares a los entes de naturaleza pública.

c) Los rendimientos obtenidos de los fondos y tributos cedidos total o parcialmente por la Comunidad de Madrid al Estado, para fines sanitarios.

d) Ninguna es correcta.

14. En relación a la Autoridad Sanitaria de la Comunidad de Madrid, indica la opción correcta:

a) Le corresponde a la Autoridad Sanitaria de la Comunidad de Madrid, en el ámbito de su competencia, la coordinación sanitaria cuyo propósito es el de vertebrar el Sistema Sanitario, integrando la diversidad de actuaciones de la sociedad civil y las distintas administraciones sanitarias, en relación con los objetivos de salud y evitando las disfunciones que puedan dificultar la funcionalidad del Sistema.

b) El Gobierno de la Comunidad de Madrid ejerce la función de Autoridad Sanitaria.

c) Será competente para autorizar productos farmacéuticos y sanitarios.

d) Todas son correctas.

15. La Administración Sanitaria de la Comunidad de Madrid, a través de los recursos y medios de los que dispone el Sistema Sanitario y de los organismos competentes en cada caso, promoverá, impulsará y desarrollará las actuaciones de salud pública encaminadas a garantizar los derechos de protección de la salud de la población de la Comunidad de Madrid, desde una perspectiva comunitaria, con especial énfasis en:

a) La atención integral de la salud en todos los ámbitos asistenciales, así como las actuaciones sanitarias que sean necesarias como apoyo a la atención sociosanitaria.

b) La atención integrada de salud mental potenciando los recursos asistenciales en el ámbito ambulatorio, los sistemas de hospitalización parcial, la atención domiciliaria, la rehabilitación psicosocial en coordinación con los servicios sociales, y realizándose las hospitalizaciones psiquiátricas, cuando se requiera, en unidades psiquiátricas hospitalarias.

c) La asistencia sanitaria a las emergencias, catástrofes y urgencias en la Comunidad de Madrid.

d) La vigilancia en salud pública y la difusión de la información epidemiológica general y específica para fomentar el conocimiento detallado de los problemas de salud.

En MADTEST tienes **más preguntas de este tema**, y todos tus avances quedan registrados y se reflejan en el ranking.

¡Supera tus límites con MADTEST!

Solución al test n.º 4

1. a) 2001.

2. b) Al Consejo de Gobierno de la Comunidad de Madrid.

3. a) La Consejería de Sanidad.

4. d) Universalización de los servicios sanitarios de carácter individual exclusivamente para las personas residentes en la Comunidad de Madrid, en todo caso, en la forma y condiciones previstas en la legislación general que resulte de aplicación, atendiendo a los principios de igualdad y solidaridad y equidad en el acceso.

5. b) Funcional.

6. b) El Gobierno de la Comunidad de Madrid.

7. d) La aprobación del Plan de Salud.

8. a) El establecimiento de normas y criterios de actuación en cuanto a la acreditación de centros y servicios.

9. b) El Gobierno de la Comunidad de Madrid.

10. d) Todas son correctas.

11. b) La Consejería de Sanidad.

12. a) Desarrollarán la prevención, protección, promoción y mejora de la salud integral del trabajador.

13. c) Los rendimientos obtenidos de los fondos y tributos cedidos total o parcialmente por la Comunidad de Madrid al Estado, para fines sanitarios.

14. a) Le corresponde a la Autoridad Sanitaria de la Comunidad de Madrid, en el ámbito de su competencia, la coordinación sanitaria cuyo propósito es el de vertebrar el Sistema Sanitario, integrando la diversidad de actuaciones de la sociedad civil y las distintas administraciones sanitarias, en relación con los objetivos de salud y evitando las disfunciones que puedan dificultar la funcionalidad del Sistema.

15. d) La vigilancia en salud pública y la difusión de la información epidemiológica general y específica para fomentar el conocimiento detallado de los problemas de salud.

TEST N.º 5

El Servicio Madrileño de Salud. La Ley 6/2009 de 16 de noviembre, de Libertad de Elección en la Sanidad de la Comunidad de Madrid. La Ley 11/2017, de 22 de diciembre, de Buen Gobierno y Profesionalización de la Gestión de los Centros y Organizaciones Sanitarias del Servicio Madrileño de Salud

1. No es un órgano de asesoramiento y participación en las organizaciones del Servicio Madrileño de Salud:

a) La Junta Técnico Asistencial.
b) Las Comisiones Técnicas Consultivas.
c) Las Comisiones de Dirección.
d) Los Consejos Territoriales de Salud.

2. ¿A quién le corresponde examinar y evaluar la actividad asistencial y su vinculación con la ejecución presupuestaria de la organización?

a) A la Comisión de Dirección.
b) A la Junta Técnico Asistencial.
c) A los Consejos Territoriales de Salud.
d) A la Junta de Gobierno.

3. Las Juntas de Gobierno de las organizaciones gestionadas por el Servicio Madrileño de Salud se reunirán con carácter ordinario:

a) Al menos una vez al trimestre.
b) Al menos dos veces al mes.
c) Mensualmente.
d) Cada quince días.

4. Elaborar y elevar a la Junta de Gobierno para su aprobación y posterior remisión a la Dirección General del Servicio Madrileño de Salud, la memoria anual es competencia de:

a) La Junta Técnico Asistencial.
b) La Comisión de Dirección.

c) El personal directivo dependiente de la Dirección Gerencia o Dirección Territorial de Atención Primaria.

d) La Dirección Gerencia y la Dirección Territorial de Atención Primaria.

5. El mandato de los miembros de la Junta de Gobierno propuestos conforme al artículo 5.4.b) de la Ley 11/2017, será de:

a) Cinco años.
b) Cuatro años.
c) Tres años.
d) carácter vitalicio.

6. Los nombramientos para ocupar los puestos directivos dependientes de la Dirección Gerencia o Dirección Territorial de Atención Primaria tendrán una duración de:

a) Cinco años.
b) Cuatro años.
c) Tres años.
d) carácter vitalicio.

7. Señala la respuesta correcta en relación a la composición de la Junta de Gobierno de una organización gestionada por el Servicio Madrileño de Salud, que se establece como máximo:

a) Un Presidente, dos Vicepresidentes y 10 Vocales.
b) Un Presidente, un Vicepresidente y 11 Vocales.
c) Un Presidente, un Secretario y 7 Vocales.
d) Un Presidente, un Secretario y 10 Vocales.

8. ¿Cuántos Vocales de la Junta de Gobierno son propuestos por el Servicio Madrileño de Salud?

a) Ninguno.
b) Dos.
c) Cuatro.
d) Seis.

9. Entre los órganos de dirección de las organizaciones del Servicio Madrileño de Salud no se encuentra/n:

a) El Director Gerente de Centro Hospitalario.
b) El Director Territorial de Atención Primaria.

c) La Dirección Gerencia del SUMA 112.
d) Los Consejos Territoriales de Salud.

10. ¿A quién le corresponde promover la participación comunitaria en el ámbito de actuación de la Dirección Territorial de Atención Primaria?

a) Al Pleno de los Consejos Territoriales de Salud.
b) A las Comisiones Técnicas Consultivas.
c) A la Junta Técnico Asistencial.
d) Ninguna es correcta.

11. En las Direcciones Territoriales de Atención Primaria, no es una Comisión Técnica Consultiva de necesaria constitución:

a) La Comisión de Calidad y Seguridad del Paciente.
b) La Comisión de Salud Mental.
c) La Comisión de Formación e Investigación.
d) La Comisión de Evaluación de Tecnología.

12. En relación a la Comisión de Dirección es cierto que:

a) Estará presidida por el Consejero de Sanidad.
b) Le corresponde realizar el control del gasto ajustado a la actividad establecida en el contrato programa.
c) Asume la coordinación de los diferentes niveles asistenciales así como de los diversos dispositivos socio-sanitarios.
d) Ejerce el control de la ejecución y consecución de objetivos.

13. ¿A qué órgano le corresponde, aprobar con periodicidad anual el inventario y la Memoria expresiva de las actividades asistenciales, docentes e investigadoras y de la gestión económica de la organización?

a) A la Junta de Gobierno.
b) Al Director Gerente.
c) A la Comisión de Dirección.
d) A la Junta Técnico Asistencial.

14. ¿Quién preside la Junta Técnica Asistencial en los centros hospitalarios?

a) El Director Territorial.
b) El Director Gerente.
c) El Director médico.
d) Ninguna es correcta.

15. Señala la respuesta correcta sobre los Consejos Territoriales de Salud:

a) Funcionarán en Pleno y en Comisión de Coordinación.

b) Su composición se fijará por Ley.

c) Formará parte del mismo el director territorial de atención especializada.

d) Su Presidente, será el alcalde del municipio donde se ubique el hospital o Dirección Territorial de Atención Primaria.

En MADTEST tienes **más preguntas de este tema**, y todos tus avances quedan registrados y se reflejan en el ranking.

¡Supera tus límites con MADTEST!

Solución al test n.º 5

1. c) Las Comisiones de Dirección.

2. d) A la Junta de Gobierno.

3. a) Al menos una vez al trimestre.

4. d) La Dirección Gerencia y la Dirección Territorial de Atención Primaria.

5. a) Cinco años.

6. a) Cinco años.

7. b) Un Presidente, un Vicepresidente y 11 Vocales.

8. d) Seis.

9. d) Los Consejos Territoriales de Salud.

10. a) Al Pleno de los Consejos Territoriales de Salud.

11. d) La Comisión de Evaluación de Tecnología.

12. b) Le corresponde realizar el control del gasto ajustado a la actividad establecida en el contrato programa.

13. a) A la Junta de Gobierno.

14. c) El Director médico.

15. a) Funcionarán en Pleno y en Comisión de Coordinación.

TEST N.º 6

La Ley Orgánica 1/2004, de Medidas de Protección Integral contra la Violencia de Género: principios rectores, medidas de sensibilización, prevención y detección en el ámbito sanitario; derechos de las funcionarias públicas. Ley Orgánica 3/2007, para la igualdad efectiva de mujeres y hombres: objeto y ámbito de la ley; integración del principio de igualdad en la política de salud; modificaciones de la Ley General de Sanidad. Ley 3/2016, de 22 de julio, de Protección Integral contra LGTBIfobia y la Discriminación por Razón de Orientación e Identidad Sexual en la Comunidad de Madrid

1. La aplicación de la Ley Orgánica 1/2004, de 28 de diciembre:

a) No supone la existencia necesariamente de convivencia entre la víctima y el agresor.
b) Supone que en algún momento anterior haya existido convivencia entre la víctima y el agresor,
c) Supone la convivencia, al menos en el momento del hecho, entre la víctima y el agresor.
d) Supone siempre la inexistencia de convivencia entre la víctima y el agresor.

2. Las medidas de protección integral de la Ley Orgánica 1/2004, de 28 de diciembre:

a) No tienen finalidad sancionadora.
b) Su finalidad es esencialmente reparadora.
c) Tienen finalidad previsora y sancionadora.
d) Tienen finalidad prioritariamente sancionadora.

3. La violencia de género a que se refiere la Ley Orgánica 1/2004, de 28 de diciembre:

a) Comprende excepcionalmente la violencia psicológica
b) Comprende la violencia psicológica siempre que vaya unida a la violencia física.

c) Excluye la violencia psicológica.

d) Incluye la violencia psicológica por sí.

4. La violencia de género a que se refiere la Ley Orgánica 1/2004, de 28 de diciembre:

a) Incluye las amenazas y las coacciones.

b) Incluye las amenazas y las coacciones solo cuando vayan acompañadas o seguidas de privación de libertad.

c) Incluye las amenazas, pero no las coacciones salvo que vayan seguidas de hechos violentos.

d) Incluye las coacciones pero no las amenazas salvo que vayan seguidas de hechos violentos.

5. La Ley Orgánica 1/2004, de 28 de diciembre tiene como objetivo establecer un sistema integral de tutela institucional:

a) Por parte de la Administración Estatal y de las Administraciones de las Comunidades Autónomas que tengan competencia sobre la materia, así como de las Entidades Locales.

b) Por parte de las Cortes y de las Asambleas Legislativas de las Comunidades Autónomas.

c) Por parte de la Administración General del Estado

d) Por parte de la Administración Estatal y de las Administraciones de las Comunidades Autónomas.

6. La LO 1/2004 tiene por objeto:

a) Actuar contra la violencia que, como manifestación de la discriminación, la situación de desigualdad y las relaciones de poder de los hombres sobre las mujeres, se ejerce sobre éstas por parte de quienes sean o hayan sido sus cónyuges o de quienes estén o hayan estado ligados a ellas por relaciones similares de afectividad, aun sin convivencia.

b) Actuar contra la violencia que, como manifestación de la discriminación, la situación de desigualdad y las relaciones de poder de los hombres sobre las mujeres, se ejerce sobre éstas por parte de quienes sean o hayan sido sus cónyuges o de quienes estén o hayan estado ligados a ellas por relaciones similares de afectividad, siempre que exista convivencia.

c) Actuar contra la violencia que, como manifestación de la discriminación, la situación de desigualdad y las relaciones de poder de los hombres sobre las mujeres, se ejerce sobre éstas por parte de quienes sean sus cónyuges o de quienes estén ligados a ellas por relaciones similares de afectividad, siempre que exista convivencia.

d) Actuar contra la violencia que, como manifestación de la discriminación, la situación de desigualdad y las relaciones de poder de los hombres sobre las mujeres, se ejerce sobre éstas por parte de quienes sean sus cónyuges o de quienes estén ligados a ellas por relaciones similares de afectividad, aun sin convivencia.

7. Conforme al artículo 2 de la LO 1/2004, un principio rector de esta ley es consagrar los derechos de las mujeres víctimas de violencia de género exigibles ante las Administraciones Públicas, y así asegurar un acceso a los servicios establecidos al efecto, rápido, transparente y:

a) Eficaz.
b) Duradero.
c) Seguro.
d) Económico.

8. Según el artículo 2 de la LO 1/2004, uno de los fines a alcanzar a través del conjunto integral de medidas articulado en esta ley es, garantizar derechos económicos para las mujeres víctimas de violencia de género:

a) Así como establecer un sistema para la más eficaz coordinación de los servicios ya existentes a nivel municipal y autonómico.
b) Para asegurar la prevención de los hechos de violencia de género.
c) Con el fin de facilitar su integración social.
d) Promoviendo la colaboración y participación de las entidades, asociaciones y organizaciones que desde la sociedad civil actúan contra la violencia de género.

9. Conforme al artículo 3 de la LO 1/2004, el Plan Nacional de Sensibilización y Prevención de la Violencia de Género debe dirigirse tanto a hombres como a mujeres desde un trabajo comunitario y:

a) Multidisciplinar.
b) Integral.
c) Complementario.
d) Intercultural.

10. Conforme al artículo 3 de la LO 1/2004, con el fin de prevenir la violencia de género, en el marco de sus competencias, los poderes públicos deben impulsar:

a) Cursos de información y sensibilización.
b) Campañas de información y sensibilización.
c) Programas de información y sensibilización.
d) Jornadas de información y sensibilización.

11. La Comisión contra la Violencia de Género del Consejo Interterritorial del Sistema Nacional de Salud estará compuesta por representantes:

a) De todos los Parlamentos autonómicos.
b) De las asociaciones y organizaciones no gubernamentales cuyo fin sea la prevención y erradicación de la violencia de género.
c) De todas las Comunidades Autónomas con competencia en la materia.
d) De todos los partidos políticos con representación parlamentaria.

12. Las ausencias o faltas de puntualidad al trabajo motivadas por la situación física o psicológica derivada de la violencia de género se considerarán:

a) Justificadas, cuando así lo determinen las autoridades judiciales.
b) Justificadas en todo caso.
c) Justificadas, cuando así lo determinen los servicios sociales de atención o servicios de salud, según proceda.
d) Faltas leves.

13. Señala la respuesta incorrecta. Según la Ley Orgánica 1/2004, de 28 de diciembre, de medidas de protección integral contra la violencia de género, las funcionarias víctimas de violencia de género tendrán derecho a:

a) La movilidad geográfica de centro de trabajo.
b) La excedencia por este motivo.
c) Acceder a la promoción interna de forma preferente.
d) La reducción o reordenación de su tiempo de trabajo.

14. La Comunidad de Madrid, en colaboración con las Corporaciones Locales, realizará un estudio sobre el impacto de la violencia de género en la Región, así como una valoración de necesidades, recursos y servicios de atención a las víctimas:

a) Semestralmente.
b) Anualmente.
c) Bianualmente.
d) Cada cuatro años.

15. En relación con el acceso de las mujeres víctimas de violencia de género a los correspondientes servicios de información y orientación jurídica de la Comunidad de Madrid, es cierto que:

a) Deberán aportar documento acreditativo de su condición de víctima.
b) Deberán prestar sus datos de identificación personal.
c) Tendrán que acudir acompañadas de un testigo.
d) Podrán conservar su anonimato.

En MADTEST tienes **más preguntas de este tema,** y todos tus avances quedan registrados y se reflejan en el ranking.

¡Supera tus límites con MADTEST!

Solución al test n.º 6

1. a) No supone la existencia necesariamente de convivencia entre la víctima y el agresor.

2. c) Tienen finalidad previsora y sancionadora.

3. d) Incluye la violencia psicológica por sí.

4. a) Incluye las amenazas y las coacciones.

5. c) Por parte de la Administración General del Estado.

6. a) Actuar contra la violencia que, como manifestación de la discriminación, la situación de desigualdad y las relaciones de poder de los hombres sobre las mujeres, se ejerce sobre éstas por parte de quienes sean o hayan sido sus cónyuges o de quienes estén o hayan estado ligados a ellas por relaciones similares de afectividad, aun sin convivencia.

7. a) Eficaz.

8. c) Con el fin de facilitar su integración social.

9. d) Intercultural.

10. b) Campañas de información y sensibilización.

11. c) De todas las Comunidades Autónomas con competencia en la materia.

12. c) Justificadas, cuando así lo determinen los servicios sociales de atención o servicios de salud, según proceda.

13. c) Acceder a la promoción interna de forma preferente.

14. c) Bianualmente.

15. d) Podrán conservar su anonimato.

TEST N.º 7

La Ley 31/1995, de 8 de noviembre, de Prevención de Riesgos Laborales: derechos y obligaciones; consulta y participación de los trabajadores. Prevención de riesgos laborales específicos de la categoría de Técnico Medio Sanitario en Farmacia. La manipulación manual de sustancias, medidas de prevención. Ergonomía. Seguridad y prevención de riesgos en el laboratorio de farmacia. Riesgos biológicos. Riesgos químicos. Riesgos físicos. Residuos sanitarios: identificación, clasificación y eliminación de residuos sanitarios

1. ¿Cuál es la vigente Ley de Prevención de Riesgos Laborales?

a) Ley 32/1995, de 8 de noviembre.
b) Ley 30/1996, de 8 de noviembre.
c) Ley 31/1995, de 6 de noviembre.
d) Ley 31/1995, de 8 de noviembre.

2. La Ley de Prevención de Riesgos laborales, tiene por objeto:

a) Prevenir los accidentes en general.
b) Evitar riesgos en el recorrido al puesto de trabajo.
c) Promover la seguridad y la salud de los trabajadores.
d) Que cada vez haya menos accidentes de tráfico.

3. ¿Qué se entiende por "riesgo laboral"?

a) La posibilidad de que un trabajador sufra un determinado daño derivado del trabajo.
b) La posibilidad de que un trabajador sufra una enfermedad en el trabajo.
c) La posibilidad de que un trabajador sufra acoso.
d) El riesgo que supone el ir a trabajar.

4. Indica cuál es la definición de prevención:

a) La probabilidad racional de que un riesgo se materialice de forma inminente.

b) El estudio de los procesos potencialmente peligrosos para el trabajo.

c) Conjunto de actividades o medidas adoptadas o previstas en todas las fases de actividad de la empresa con el fin de evitar o disminuir los riesgos derivados del trabajo.

d) Posibilidad de que un trabajador sufra un determinado daño derivado del trabajo.

5. Según establece el art. 4 de la Ley 31/1995, de 8 de noviembre, de Prevención de Riesgos Laborales, se define como daños derivados del trabajo:

a) La posibilidad de que un trabajador sufra un determinado daño derivado del trabajo.

b) El que resulte probable racionalmente que se materialice en un futuro inmediato y pueda suponer y pueda suponer un daño grave para la salud de los trabajadores.

c) Las enfermedades, patologías o lesiones sufridas con motivo u ocasión del trabajo.

d) Cualquier máquina, aparato, instrumento o instalación utilizada en el trabajo.

6. Señala la respuesta incorrecta:

a) La Ley de Prevención de Riesgos Laborales se aplica a los operativos de Seguridad civil en casos de catástrofe.

b) La Ley de Prevención de Riesgos Laborales se aplica a las sociedades cooperativas.

c)En el ámbito de la relación laboral de carácter especial del servicio del hogar familiar, las personas trabajadoras tienen derecho a una protección eficaz en materia de seguridad y salud en el trabajo.

d)En los establecimientos penitenciarios, se adaptarán a la Ley de Prevención de Riesgos Laborales aquellas actividades cuyas características justifiquen una regulación especial.

7. Para calificar un riesgo desde el punto de vista de su gravedad, se valorarán conjuntamente la severidad del daño y:

a) La probabilidad de que se produzca.

b) La cantidad de trabajadores de la empresa.

c) La existencia o no de equipos individuales de protección.

d) Las condiciones de trabajo.

8. ¿Quién debe garantizar a los trabajadores la vigilancia periódica de su estado de salud en función de los riesgos inherentes al trabajo?

a) La Inspección de Trabajo.

b) El propio trabajador.

c) El empresario.

d) Las secciones sindicales.

9. El derecho básico reconocido a los trabajadores por la Ley 31/1995, de 8 de noviembre, es:

a) La vigilancia de su estado de salud.
b) Una protección eficaz en materia de seguridad y salud en el trabajo.
c) La formación en materia preventiva.
d) La información, consulta y participación.

10. Entre los principios de la acción preventiva recogidos por el artículo 15 de la Ley de Prevención de Riesgos Laborales, no figura:

a) Evitar los riesgos.
b) Evaluar los riesgos que se puedan evitar.
c) Tener en cuenta la evolución de la técnica.
d) Dar las debidas instrucciones a los trabajadores.

11. En el marco de sus responsabilidades, el empresario realizará la prevención de los riesgos laborales mediante la integración en la empresa de:

a) Los equipos de protección individual.
b) Los Servicios de Prevención propios.
c) La actividad preventiva.
d) La normativa comunitaria.

12. El proceso dirigido a estimar la magnitud de aquellos riesgos que no hayan podido evitarse, obteniendo la información necesaria para que el empresario esté en condiciones de tomar una decisión apropiada sobre la necesidad de adoptar medidas preventivas y, en tal caso, sobre el tipo de medidas que deben adoptarse, se llama:

a) Adaptación del puesto de trabajo.
b) Evaluación de los riesgos laborales.
c) Plan de prevención de riesgos laborales.
d) Señalización de seguridad y salud en el trabajo.

13. Los instrumentos esenciales para la gestión y aplicación del Plan de prevención de riesgos laborales son:

a) La evaluación de riesgos y la planificación de la actividad preventiva.
b) La evaluación inicial de riesgos y la formación.
c) La planificación y la gestión de la actividad preventiva.
d) La identificación y la evaluación de los riesgos.

14. En relación a la vigilancia de la salud que ha de garantizar el empresario, el acceso a la información médica de carácter personal:

a) Se limitará al empresario y a los Servicios de Prevención propios.
b) Se limitará al Jefe inmediato del trabajador.

c) Sólo será accesible al propio trabajador.

d) Se limitará al personal médico y a las autoridades sanitarias que lleven a cabo la vigilancia.

15. Según la Ley de Prevención de Riesgos Laborales, es obligación de los trabajadores en materia de prevención de riesgos:

a) La protección eficaz en materia de seguridad y salud en el trabajo.

b) Utilizar correctamente los medios y equipos de protección facilitados por el empresario, de acuerdo con las instrucciones recibidas de éste.

c) Soportar el coste de las medidas relativas a la seguridad y la salud en el trabajo.

d) Desarrollar una acción permanente de seguimiento de la actividad preventiva.

En MADTEST tienes **más preguntas de este tema**, y todos tus avances quedan registrados y se reflejan en el ranking.

¡Supera tus límites con MADTEST!

Solución al test n.º 7

1. d) Ley 31/1995, de 8 de noviembre.

2. c) Promover la seguridad y la salud de los trabajadores.

3. a) La posibilidad de que un trabajador sufra un determinado daño derivado del trabajo.

4. c) Conjunto de actividades o medidas adoptadas o previstas en todas las fases de actividad de la empresa con el fin de evitar o disminuir los riesgos derivados del trabajo.

5. c) Las enfermedades, patologías o lesiones sufridas con motivo u ocasión del trabajo.

6. a) La Ley de Prevención de Riesgos Laborales se aplica a los operativos de Seguridad civil en casos de catástrofe.

7. a) La probabilidad de que se produzca.

8. c) El empresario.

9. b) Una protección eficaz en materia de seguridad y salud en el trabajo.

10. b) Evaluar los riesgos que se puedan evitar.

11. c) La actividad preventiva.

12. b) Evaluación de los riesgos laborales.

13. a) La evaluación de riesgos y la planificación de la actividad preventiva.

14. d) Se limitará al personal médico y a las autoridades sanitarias que lleven a cabo la vigilancia.

15. b) Utilizar correctamente los medios y equipos de protección facilitados por el empresario, de acuerdo con las instrucciones recibidas de éste.

TEST N.º 8

La protección de datos. Ley Orgánica 3/2018, de 5 de diciembre, de Protección de Datos Personales y Garantía de los Derechos Digitales: objeto, ámbito de aplicación y principios, definiciones, derechos de las personas

1. El artículo 18.1 de la Constitución Española garantiza el derecho al honor, a la intimidad personal y familiar y a:

a) La protección de datos de carácter personal.
b) La confidencialidad.
c) La propia imagen.
d) El secreto profesional.

2. Los datos personales obtenidos a partir de un tratamiento técnico específico, relativos a las características físicas, fisiológicas o conductuales de una persona física que permitan o confirmen la identificación única de dicha persona, como imágenes faciales o datos dactiloscópicos, se denominan:

a) Datos corporales.
b) Datos naturales.
c) Datos genéticos.
d) Datos biométricos.

3. ¿En virtud de qué principio previsto por el Reglamento General de Protección de Datos, los datos personales serán adecuados, pertinentes y limitados a lo necesario en relación con los fines para los que son tratados?

a) Principio de exactitud.
b) Principio de limitación de la finalidad.
c) Principio de responsabilidad proactiva.
d) Principio de minimización de datos.

4. En relación al consentimiento del interesado al tratamiento de datos de carácter personal, es cierto que:

a) En ningún caso se puede obligar a nadie a facilitar sus datos.

b) El consentimiento ha de ser previo a la información sobre el tratamiento.

c) Si se puede consentir libremente, del mismo modo, se puede retirar el consentimiento.

d) La solicitud del consentimiento deberá ir referida a todos los tratamientos que se puedan dar en un plazo determinado.

5. El derecho a la portabilidad de los datos:

a) Se podrá aplicar a los tratamientos que sean necesario para el cumplimiento de una misión realizada en interés público o en el ejercicio de poderes públicos conferidos al responsable del tratamiento.

b) A diferencia de otros derechos, podrá afectar negativamente a los derechos y libertades de otros.

c) Supone la obligación de que, en todo caso, los datos personales se transmitan directamente de responsable a responsable.

d) Requiere que el tratamiento se efectúe por medios automatizados.

6. Conforme al RGPD, ¿puede facilitarse la información al interesado de forma verbal?

a) No, en ningún caso.

b) Sí, siempre que lo solicite el interesado.

c) Sí, en cualquier caso siempre que se demuestre la identidad del interesado por otros medios.

d) Sí, cuando lo solicite el interesado y se pueda demostrar su identidad por otros medios.

7. Conforme al artículo 17 del RGPD, el derecho de supresión no se podrá aplicar cuando:

a) Los datos personales ya no sean necesarios en relación con los fines para los que fueron recogidos o tratados de otro modo.

b) Los datos personales se hayan obtenido en relación con la oferta de servicios de la sociedad de la información.

c) Los datos personales hayan sido tratados ilícitamente.

d) Los datos personales sean necesarios para ejercer el derecho a la libertad de expresión e información.

8. Conforme al artículo 18 del RGPD, el interesado tendrá derecho a obtener del responsable del tratamiento la limitación del tratamiento de los datos:

a) Cuando los datos personales ya no sean necesarios en relación con los fines para los que fueron recogidos o tratados de otro modo.

b) Para que el interesado pueda ejercer el derecho a la libertad de expresión e información.

c) Cuando el interesado impugne la exactitud de los datos personales, durante un plazo que permita al responsable verificar la exactitud de los mismos.

d) Por razones de interés público en el ámbito de la salud pública.

9. En relación al derecho de portabilidad, es cierto que:

a) El ejercicio de este derecho impide el ejercicio del derecho de supresión.

b) Al ejercer su derecho a la portabilidad de los datos, el interesado tendrá que transmitir los datos directamente al nuevo responsable de los mismos.

c) Se aplicará al tratamiento que sea necesario para el cumplimiento de una misión realizada en interés público o en el ejercicio de poderes públicos conferidos al responsable del tratamiento.

d) No podrá afectar negativamente a los derechos y libertades de otros.

10. Cuando los plazos se señalen por días en el RGPD o en la LO 3/2018, se entiende que estos:

a) Son naturales.

b) Son hábiles, de lunes a sábado; excluyéndose del cómputo los domingos y los declarados festivos.

c) Son naturales; excluyéndose del cómputo los declarados festivos.

d) Son hábiles, excluyéndose del cómputo los sábados, los domingos y los declarados festivos.

11. El RGPD considera "destinatario":

a) A la persona física o jurídica, autoridad pública, servicio u otro organismo al que se comuniquen datos personales, siempre que se trate de un tercero.

b) A la persona física o jurídica, autoridad pública, servicio u otro organismo al que se comuniquen datos personales, se trate o no de un tercero.

c) A la autoridad pública que pueda recibir datos personales en el marco de una investigación concreta de conformidad con el Derecho de la Unión o de los Estados miembros.

d) A la persona física o jurídica, autoridad pública, servicio u organismo distinto del interesado, del responsable del tratamiento, del encargado del tratamiento y de las personas autorizadas para tratar los datos personales bajo la autoridad directa del responsable o del encargado.

12. El RGPD denomina a la autoridad pública independiente establecida por un Estado miembro:

a) Agencia Nacional de Protección de Datos.

b) Representante.

c) Autoridad de control.

d) Autoridad de referencia.

13. ¿Cómo denomina el RGPD el tratamiento de datos personales de manera tal que ya no puedan atribuirse a un interesado sin utilizar información adicional, siempre que dicha información adicional figure por separado y esté sujeta a medidas técnicas y organizativas destinadas a garantizar que los datos personales no se atribuyan a una persona física identificada o identificable?

a) Seudonimización.
b) Anonimización.
c) Generalización.
d) Encriptación.

14. ¿Qué título de la LO 3/2018, de 5 de diciembre, de Protección de Datos Personales y garantía de los derechos digitales, se refiere a los principios de la protección de datos?

a) Título I.
b) Título II.
c) Título III.
d) Título IV.

15. Respecto a la naturaleza de la LO 3/2018, de 5 de diciembre, de Protección de Datos Personales y garantía de los derechos digitales:

a) Todo su articulado tiene carácter de ley orgánica.
b) Los títulos I a V tienen carácter de ley orgánica y los títulos restantes, carácter de ley ordinaria.
c) Los títulos I a X tienen carácter de ley orgánica, mientras que las disposiciones adicionales, transitorias, derogatoria y finales tienen carácter de ley ordinaria.
d) Algunos títulos, artículos y disposiciones tienen carácter de ley ordinaria.

Solución al test n.º 8

1. c) La propia imagen.

2. d) Datos biométricos.

3. d) Principio de minimización de datos.

4. c) Si se puede consentir libremente, del mismo modo, se puede retirar el consentimiento.

5. d) Requiere que el tratamiento se efectúe por medios automatizados.

6. d) Sí, cuando lo solicite el interesado y se pueda demostrar su identidad por otros medios.

7. d) Los datos personales sean necesarios para ejercer el derecho a la libertad de expresión e información.

8. c) Cuando el interesado impugne la exactitud de los datos personales, durante un plazo que permita al responsable verificar la exactitud de los mismos.

9. d) No podrá afectar negativamente a los derechos y libertades de otros.

10. d) Son hábiles, excluyéndose del cómputo los sábados, los domingos y los declarados festivos.

11. b) A la persona física o jurídica, autoridad pública, servicio u otro organismo al que se comuniquen datos personales, se trate o no de un tercero.

12. c) Autoridad de control.

13. a) Seudonimización.

14. b) Título II.

15. c) Los títulos I a X tienen carácter de ley orgánica, mientras que las disposiciones adicionales, transitorias, derogatoria y finales tienen carácter de ley ordinaria.

TEST N.º 9

Principios fundamentales de la bioética: dilemas éticos. Normas legales de ámbito profesional. El secreto profesional: concepto y regulación jurídica

1. De estos, ¿qué código o principio rigen la experimentación con seres humanos?

a) Código da Vinci.
b) Código de Estocolmo.
c) Declaración Humana de Berna.
d) Código de Nuremberg.

2. ¿Cómo se consigue el respeto a la persona en toda experimentación o investigación sobre la misma?

a) Se consigue mediante la búsqueda del bien.
b) Se consigue mediante la confidencialidad.
c) Se consigue mediante el consentimiento.
d) Se consigue mediante la confidencialidad y el consentimiento.

3. ¿Cómo se denomina al acto cuando se actúa no para beneficiar o perjudicar a los demás?

a) Acto incívico.
b) Acto inmoral.
c) Acto amoral.
d) Son ciertas las respuestas b) y c).

4. ¿Sobre qué principios se apoya toda la asistencia sanitaria?

a) Principios de beneficencia y autonomía.
b) Principios de beneficencia y justicia.

c) Principios de autonomía, beneficencia y justicia.

d) Principios de autonomía, beneficencia, no maleficencia y justicia.

5. Todo lo que se expone respecto al derecho a la maternidad es cierto, excepto:

a) Cuando se lleve a cabo el derecho a la maternidad, nadie será discriminado en el acceso a las prestaciones y servicios previstos en esta ley por motivos de origen racial o étnico, religión, convicción u opinión, sexo, discapacidad, orientación sexual, edad, estado civil, o cualquier otra condición o circunstancia personal o social.

b) Se reconoce el derecho a la maternidad libremente decidida.

c) El Estado no será el que velará para que se garantice la igualdad en el acceso a las prestaciones y servicios establecidos por el Sistema Nacional de Salud que inciden en el ámbito de aplicación de esta ley, ya que existen otros autores.

d) Los poderes públicos, de conformidad con sus respectivas competencias, llevarán a cabo las prestaciones y demás obligaciones que establece la presente ley en garantía de la salud sexual y reproductiva.

6. ¿Qué requisito necesario no es correcto para que se practique la interrupción voluntaria del embarazo?

a) Que se practique por una matrona bajo la dirección de un médico de familia.

b) Que se practique por un médico especialista o bajo su dirección.

c) Que se realice con el consentimiento expreso y por escrito de la mujer embarazada o, en su caso, del representante legal.

d) Que se lleve a cabo en centro sanitario público o privado acreditado.

7. ¿Hasta qué momento máximo de la gestación se podrá interrumpir el embarazo a petición de la embarazada, siempre que concurran los requisitos que indica la ley?

a) Hasta la 8.ª semana de gestación.

b) Hasta la 12.ª semana de gestación.

c) Hasta la 14.ª semana de gestación.

d) Hasta la 22.ª semana de gestación.

8. ¿Cómo se denomina la omisión planificada de los cuidados que facilita la muerte del paciente, que seguramente si estos se dieran prolongarían la vida del enfermo?

a) Distanasia.

b) Eutanasia activa.

c) Ortotanasia.

d) Eutanasia pasiva.

9. ¿Qué documento es necesario que se expida tras un óbito para acreditar de forma fehaciente el fallecimiento de su causante y se envía inmediatamente al Registro Civil?

a) Certificado de defunción.
b) Certificado de últimas voluntades.
c) Testamento vital.
d) Certificado de autopsia.

10. ¿Qué define la eutanasia pasiva según el contexto de la eutanasia?

a) Administración de medicamentos letales.
b) Retiro de soporte vital.
c) Aplicación de cuidados paliativos.
d) Todas las anteriores.

11. Según la ley, ¿cómo se debe certificar la muerte?

a) Testimonio de un familiar.
b) Diagnóstico de un médico.
c) Confirmación del cese irreversible de las funciones vitales.
d) Reporte policial.

12. ¿Qué principio del principialismo bioético se refiere a evitar causar daño al paciente?

a) Beneficencia.
b) Autonomía.
c) No maleficencia.
d) Veracidad.

13. Se define como: un atentado intencionado, en el que se pone en peligro la integridad física de la persona, sin su consentimiento. Hablamos de:

a) Agravio.
b) Negligencia.
c) Difamación.
d) Asalto.

14. Se refiere a los requisitos que son necesarios para que las personas vivan en sociedad. Hablamos de:

a) Moralidad.
b) Conducta moral.
c) Desarrollo moral.
d) Normas sociales de convivencia.

15. ¿Cuál de las siguientes circunstancias hacen que excepcionalmente pueda interrumpirse el embarazo por causas médicas?

a) Que no se superen las veintitrés semanas de gestación y siempre que exista grave riesgo para la vida o la salud de la embarazada y así conste en un dictamen emitido con anterioridad a la intervención por un médico o médica especialista distinto del que la practique o dirija. En caso de urgencia por riesgo vital para la gestante podrá prescindirse del dictamen.

b) Que no se superen las veintidós semanas de gestación y siempre que exista riesgo de graves anomalías en el feto y así conste en un dictamen emitido con anterioridad a la intervención por dos médicos especialistas distintos del que la practique o dirija.

c) Cuando se detecten anomalías fetales incompatibles con la vida y así conste en un dictamen emitido con anterioridad por el mismo médico o misma médica especialista que practique la intervención, o cuando se detecte en el feto una enfermedad extremadamente grave e incurable en el momento del diagnóstico.

d) Ninguna de las opciones anteriores es correcta.

En MADTEST tienes **más preguntas de este tema**, y todos tus avances quedan registrados y se reflejan en el ranking.

¡Supera tus límites con MADTEST!

Solución al test n.º 9

1. d) Código de Nuremberg.

2. d) Se consigue mediante la confidencialidad y el consentimiento.

3. c) Acto amoral.

4. d) Principios de autonomía, beneficencia, no maleficencia y justicia.

5. c) El Estado no será el que velará para que se garantice la igualdad en el acceso a las prestaciones y servicios establecidos por el Sistema Nacional de Salud que inciden en el ámbito de aplicación de esta ley, ya que existen otros autores.

6. a) Que se practique por una matrona bajo la dirección de un médico de familia.

7. c) Hasta la 14.ª semana de gestación.

8. d) Eutanasia pasiva.

9. a) Certificado de defunción.

10. b) Retiro de soporte vital.

11. c) Confirmación del cese irreversible de las funciones vitales.

12. c) No maleficencia.

13. d) Asalto.

14. a) Moralidad.

15. b) Que no se superen las veintidós semanas de gestación y siempre que exista riesgo de graves anomalías en el feto y así conste en un dictamen emitido con anterioridad a la intervención por dos médicos especialistas distintos del que la practique o dirija.

TEST N.º 10

Trabajo en Equipo: concepto de equipo, equipo multidisciplinar, el proceso de integración, consenso, motivación-incentivación y aprendizaje. Colaboración con otros profesionales

1. En referencia al trabajo en equipo, ¿cuál de las siguientes afirmaciones es correcta?

a) En un grupo de trabajo, cada cual depende directamente del trabajo de sus compañeros.
b) En un equipo de trabajo, un conjunto de personas llevan a cabo una determinada tarea.
c) En el grupo de trabajo, cada miembro trabaja de forma similar.
d) Todos los grupos de trabajo son a su vez equipos.

2. ¿Cómo se denomina a un grupo de personas que se organiza para realizar una actividad con un objetivo preciso, y que responden en conjunto del trabajo realizado por cada uno de ellos?

a) Grupo de trabajo.
b) Grupo organizado.
c) Equipo.
d) Trabajo en cadena.

3. ¿Cómo se denomina la característica según la cual un equipo, trabajando junto, es más eficaz que la sumatoria de todos los trabajos individuales de sus miembros?

a) Sinergia.
b) Complementación.
c) Complementariedad.
d) Cohesión.

4. ¿Cuál de las siguientes opciones no corresponde con una de las ventajas del trabajo en equipo?

a) Optimización de recursos materiales y humanos.
b) Se fomenta la competencia entre los profesionales.
c) Disminuye la carga de trabajo.
d) Mejora la calidad de los resultados.

5. Si constituimos un equipo de salud, ¿cuál es el número recomendado de participantes?

a) En torno a 10.
b) En torno a 5.
c) En torno a 8.
d) En torno a 15.

6. Para conseguir un clima favorable de trabajo, ¿cuál de las siguientes opciones se considera el factor más importante?

a) Edad de los miembros.
b) La formación de los miembros.
c) Experiencia laboral de los integrantes.
d) Actitud favorable de los integrantes.

7. ¿Cuál de las siguientes opciones no es correcta en relación con los equipos multidisciplinares en sanidad?

a) Construir y hacer funcionar un "equipo multidisciplinar" es una labor lenta.
b) Para todas las actividades son necesarios los equipos multidisciplinares.
c) Son necesarios en aquellas actividades en las que el nivel de complejidad es muy alto.
d) Es la única manera de asegurar la atención integral de los pacientes en todas sus áreas.

8. ¿Cuál de las siguientes opciones no se cuenta entre las dificultades propias del trabajo en equipos multidisciplinares?

a) Lentitud en la respuesta.
b) El elevado costo.
c) La dificultad para mantener la cohesión.
d) La dilución de responsabilidades.

9. En el trabajo diario de los equipos de salud, ¿a qué se denomina pensamiento de equipo?

a) A una visión particular de la realidad que se genera en los equipos, y que les hace pensar que sólo ellos hacen las cosas "bien".
b) A la línea de pensamiento dominante dentro de un equipo, que es prefijada por el jefe.
c) A los valores extralaborales que se generan y extienden dentro de los equipos.
d) A la frase fuerza que, en relación con sus objetivos, sintetiza el trabajo de ese equipo.

10. Dentro de los diferentes roles que encontramos en los equipos de trabajo, ¿cuál de las siguientes opciones es característica de un "rol disfuncional"?

a) El iniciador.
b) El positivo.
c) El crítico.
d) El colaborador.

11. Dentro de los diferentes roles que encontramos en los equipos de trabajo, ¿cuál de las siguientes opciones es característico de un "rol pícaro"?

a) Funcional.
b) De producción.
c) Disfuncional.
d) De mantenimiento.

12. ¿Cuál de los siguientes roles que podemos encontramos en los equipos de trabajo suele deteriorar el ambiente de trabajo?

a) El iniciador.
b) El crítico.
c) El colaborador.
d) El positivo.

13. ¿Cómo se denominan los roles que, dentro de un equipo, están orientados a la satisfacción de los intereses individuales?

a) Roles individualistas.
b) Roles de mantenimiento.
c) Roles disfuncionales.
d) Roles de producción.

14. ¿Cómo se denominan los roles que contribuyen al desarrollo del grupo y a la productividad?

a) Roles de producción.
b) Roles de colaboración.
c) Roles funcionales.
d) Las respuestas a) y c) son correctos.

15. ¿Cuál de las siguientes opciones corresponde con un rol disfuncional?

a) El intelectual.
b) El crítico.
c) El gracioso.
d) El activador.

En MADTEST tienes **más preguntas de este tema**, y todos tus avances quedan registrados y se reflejan en el ranking.

¡Supera tus límites con MADTEST!

Solución al test n.º 10

1. b) En un equipo de trabajo, un conjunto de personas llevan a cabo una determinada tarea.

2. c) Equipo.

3. a) Sinergia.

4. b) Se fomenta la competencia entre los profesionales.

5. a) En torno a 10.

6. d) Actitud favorable de los integrantes.

7. b) Para todas las actividades son necesarios los equipos multidisciplinares.

8. b) El elevado costo.

9. a) A una visión particular de la realidad que se genera en los equipos, y que les hace pensar que sólo ellos hacen las cosas "bien".

10. c) El crítico.

11. c) Disfuncional.

12. b) El crítico.

13. c) Roles disfuncionales.

14. d) Las respuestas a) y c) son correctas.

15. b) El crítico.

TEST N.º 11

Comunicación: concepto y tipos de comunicación. Habilidades para la comunicación. La relación con el paciente. La empatía y la escucha activa. Relación de ayuda. Control del estrés

1. En relación con el proceso de la comunicación, indica cuál de las siguientes afirmaciones es incorrecta:

a) La comunicación es el intercambio de significados entre las personas.
b) Comunicarse es compartir informaciones.
c) La comunicación pretende cambiar conceptos, actitudes y hábitos o costumbres de otras personas.
d) La comunicación es un proceso por medio del cual se transmite información en una sola dirección.

2. En un acto comunicativo, antes de que el mensaje sea enviado al receptor, es necesaria:

a) La retroalimentación.
b) La codificación.
c) La canalización.
d) La descodificación.

3. En el proceso de la comunicación, ¿cómo se denomina a la persona que envía el mensaje?

a) Fuente.
b) Codificador.
c) Transmisor.
d) Origen.

4. Cuando dos personas conversan, podemos ver cómo se ha establecido el mensaje entre ambas, si se asimila bien el mensaje y se comprende lo que se quiere transmitir a través de:

a) La descodificación.
b) La retroalimentación.

c) La codificación.

d) El canal.

5. La comunicación está basada en un lenguaje de códigos. ¿Qué tipo de comunicación utiliza signos lingüísticos en el mensaje?

a) La comunicación gestual.

b) La comunicación acústica.

c) La comunicación verbal.

d) La comunicación visual.

6. ¿Qué tipo de comunicación es aquella mediante la cual el emisor transmite un mensaje que finaliza en el receptor con la ejecución de una tarea?

a) Comunicación horizontal.

b) Comunicación finalista.

c) Comunicación participativa.

d) Comunicación teleológica.

7. Señala la respuesta incorrecta. La importancia del proceso de la comunicación radica en que esta sea:

a) Interactiva.

b) Bidireccional.

c) Comprensiva.

d) Equilibrada.

8. Podemos decir que un sistema sanitario humanizado es aquel que:

a) Realiza una evaluación continua.

b) Desarrolla marcos teóricos-conceptuales sobre realidades y factores de vulnerabilidad de los pacientes.

c) Mantiene una gestión que responde al bienestar en el ejercicio de las funciones de sus profesionales.

d) Garantiza una asistencia de calidad centrada en la persona.

9. El proceso de humanización de la asistencia sanitaria intenta aportar suficiente evidencia objetiva de que los fondos públicos son utilizados eficaz y eficientemente con el fin de evitar:

a) La incorrecta implantación de la innovación tecnológica.

b) La merma en la adecuada atención al enfermo.

c) Las desviaciones que se produzcan en el sistema.

d) La desmotivación de los profesionales de la salud.

10. Cuando un paciente trata de expresar alguna preocupación, dolencia, sentimiento, etc., el Técnico debe:

a) Distraerle con cualquier otro tema poco complejo.

b) Ejercer cierta presión para que exprese aquello que le preocupa.

c) Saber callarlo para evitar lo que le genera desconfianza y aislamiento.

d) No interrumpirle.

11. El Técnico demuestra interés por el paciente y su entorno inmediato en:

a) Su actitud favorable de escucha.

b) La expresión de sus preocupaciones e inquietudes.

c) Su aspecto físico y su forma de vestir.

d) El lenguaje técnico que emplea para comunicar.

12. Indica cuál de las siguientes afirmaciones es incorrecta:

a) El Técnico debe evitar emitir cualquier juicio de valor u opinión sobre el proceso del enfermo, tanto al propio enfermo como a la familia.

b) El Técnico debe hablar lo preciso, evitando cualquier tipo de tertulia.

c) El Técnico debe adecuarse, en la medida de lo posible, al tipo de paciente que atiende.

d) El Técnico tratará de informar al paciente y su familia en cada circunstancia empleando para ello un buen tono de voz, así como expresiones corporales y mímicas si fueran necesarias.

13. ¿Cuál es el método de comunicación que permite a una persona hacer comprensible a otra cualquier idea o hecho que le quiere transmitir?

a) El lenguaje corporal.

b) La explicación.

c) La sugestión.

d) La indicación.

14. ¿Cuál es el método fundamental utilizado por el Técnico en la comunicación con los pacientes?

a) La explicación.

b) La sugestión.

c) La indicación.

d) La convicción.

15. La disciplina que estudia cómo gestionamos los espacios en nuestra interacción con otros individuos se denomina:

a) Sinergia.
b) Empatía.
c) Proxemia.
d) Cronemia.

En MADTEST tienes **más preguntas de este tema,** y todos tus avances quedan registrados y se reflejan en el ranking.

¡Supera tus límites con MADTEST!

Solución al test n.º 11

1. d) La comunicación es un proceso por medio del cual se transmite información en una sola dirección.

2. b) La codificación.

3. a) Fuente.

4. b) La retroalimentación.

5. c) La comunicación verbal.

6. a) Comunicación horizontal.

7. d) Equilibrada.

8. d) Garantiza una asistencia de calidad centrada en la persona.

9. b) La merma en la adecuada atención al enfermo.

10. d) No interrumpirle.

11. a) Su actitud favorable de escucha.

12. d) El Técnico tratará de informar al paciente y su familia en cada circunstancia empleando para ello un buen tono de voz, así como expresiones corporales y mímicas si fueran necesarias.

13. b) La explicación.

14. a) La explicación.

15. c) Proxemia.

Legislación farmacéutica y de relación con la asistencia al paciente. Real Decreto Legislativo 1/2015, de 24 de julio, por el que se aprueba el texto refundido de la Ley de garantías y uso racional de los medicamentos y productos sanitarios. Funciones del personal técnico de farmacia

1. La Ley 29/2006, de julio, de Garantías y Uso Racional de los Medicamentos y productos Sanitarios, ha sido derogada por:

a) Ley 1/2015 de 24 de agosto.
b) Real Decreto legislativo 1/2015, de 24 de julio.
c) Ley Orgánica 1/2015 de 10 de abril.
d) Decreto legislativo 1/2015, de 26 de enero.

2. El Real Decreto Legislativo 1/2015, de 24 de julio, por el que se aprueba el Texto Refundido de la Ley de Garantías y Uso Racional de los Medicamentos y Productos Sanitarios. Dicho Real Decreto Legislativo se estructura:

a) En un título preliminar, y diez títulos, más 16 disposiciones adicionales, 2 transitorias, 1 derogatoria y 1 final.
b) En un título preliminar, y ocho títulos, más 6 disposiciones adicionales, 3 transitorias, 1 derogatoria y 1 final.
c) En un título preliminar, y once títulos, más 16 disposiciones adicionales, 3 transitorias, 1 derogatoria, y 2 finales.
d) En un título preliminar, y diez títulos, más 4 disposiciones adicionales, 3 transitorias, 1 derogatoria y 1 final.

3. El Real Decreto Legislativo 1/2015, de 24 de julio, por el que se aprueba el Texto Refundido de la Ley de Garantías y Uso Racional de los Medicamentos y Productos Sanitario. regula en su artículo 1:

a) Los medicamentos de uso humano y productos sanitarios, su investigación clínica, su evaluación, autorización, registro, fabricación, elaboración, control de calidad, almacenamiento, distribución, circulación, trazabilidad, comercialización, información y publicidad, importación y exportación, prescripción y dispensación, seguimiento de la relación beneficio-riesgo, así como la ordenación de su uso racional y el procedimiento para, en su caso, la financiación con fondos públicos.

b) La actuación de las personas físicas o jurídicas en cuanto intervienen en la circulación industrial o comercial y en la prescripción o dispensación de los medicamentos y productos sanitarios.

c) La ley, los criterios y exigencias generales aplicables a los medicamentos veterinarios y, en particular, a los especiales, como las fórmulas magistrales, y los relativos a los elaborados industrialmente incluidas las premezclas para piensos medicamentosos.

d) Todas son correctas.

4. Señala lo correcto. El Real Decreto Legislativo 1/2015, de 24 de julio, por el que se aprueba el Texto Refundido de la Ley de Garantías y Uso Racional de los Medicamentos y Productos Sanitarios. Define en su artículo 2 "Medicamento de uso Humano:

a) Es una sustancia o conjunto de sustancias, que administrada interiormente a un organismo animal, sirve para prevenir, curar o aliviar una enfermedad y corregir o reparar las secuelas de esta.

b) Es una sustancia o conjunto de sustancias, que administrada exteriormente a un organismo animal, sirve para prevenir o aliviar una enfermedad y corregir o reparar las secuelas de esta.

c) Toda sustancia o combinación de sustancias que se presente como poseedora de propiedades para el tratamiento o prevención de enfermedades en seres humanos o que pueda usarse en seres humanos o administrarse a seres humanos con el fin de restaurar, corregir o modificar las funciones fisiológicas ejerciendo una acción farmacológica, inmunológica o metabólica, o de establecer un diagnóstico médico.

d) Cualquiera de las anteriores.

5. ¿Qué es un principio activo, según el RDL 1/2015?

a) Es toda materia, cualquiera que sea su origen (humano, animal, vegetal, químico o de otro tipo), a la que se atribuye una actividad apropiada para construir un medicamento.

b) Toda sustancia o mezcla de sustancias destinadas a la fabricación de un medicamento y que, al ser utilizadas en su producción, se convierten en un componente activo de dicho medicamento destinado a ejercer una acción farmacológica, inmunológica o metabólica con el fin de restaurar, corregir o modificar las funciones fisiológicas, o de establecer un diagnóstico.

c) Toda sustancia –activa o inactiva– empleada en la fabricación de un medicamento, ya permanezca inalterada, se modifique o desaparezca en el transcurso del proceso.

d) Es aquella materia que, incluida en las formas galénicas, se añade a los principios activos o a sus asociaciones para servirles de vehículo, posibilitar su preparación y estabilidad, modificar sus propiedades organolépticas o determinar las propiedades físicoquímicas del medicamento y su biodisponibilidad.

6. ¿Qué es una fórmula magistral, según el RDL 1/2015?

a) Es todo producto destinado a una posterior transformación industrial por un fabricante autorizado.

b) Es un medicamento destinado a un paciente individualizado, preparado por un farmacéuto, o bajo su dirección, para cumplimentar expresamente una prescripción facultativa detallada de los principios activos que incluye, según las normas de correcta elaboración y control de calidad establecidas al efecto, dispensado en oficina de farmacia o servicio farmacéutico y con la debida información al usuario.

c) Es todo medicamento con la misma composición cualitativa y cuantitativa en principios activos y la misma forma farmacéutica, y cuya bioequivalencia con el medicamento de referencia haya sido demostrada por estudios adecuados de biodisponibilidad.

d) Forma farmacéutica de un principio activo o placebo, que se investiga o se utiliza como referencia en un ensayo clínico, incluidos los productos con autorización cuando se utilicen o combinen (en la formulación o en el envase) de forma diferente a la autorizada, o cuando se utilicen para tratar una indicación no autorizada, o para obtener más información sobre un uso autorizado.

7. ¿Qué es un producto intermedio, según el RDL 1/2015?

a) Es todo medicamento con la misma composición cualitativa y cuantitativa en principios activos y la misma forma farmacéutica, y cuya bioequivalencia con el medicamento de referencia haya sido demostrada por estudios adecuados de biodisponibilidad.

b) Es todo producto destinado a una posterior transformación industrial por un fabricante autorizado.

c) Es un medicamento destinado a un paciente individualizado, preparado por un farmacéuto, o bajo su dirección, para cumplimentar expresamente una prescripción facultativa detallada de los principios activos que incluye, según las normas de correcta elaboración y control de calidad establecidas al efecto, dispensado en oficina de farmacia o servicio farmacéutico y con la debida información al usuario.

d) Cualquier instrumento, dispositivo, equipo, programa informático, material u otro artículo, utilizado solo o en combinación, incluidos los programas informáticos destinados por su fabricante a finalidades específicas de diagnóstico y/o terapia.

8. ¿Qué es un preparado oficinal, según el RDL 1/2015?

a) Es todo producto destinado a una posterior transformación industrial por un fabricante autorizado.

b) Es una sustancia o conjunto de sustancias, que administrada exteriormente a un organismo animal, sirve para prevenir o aliviar una enfermedad y corregir o reparar las secuelas de esta.

c) Es un medicamento elaborado según las normas de correcta elaboración y control de calidad establecidas y garantizado por un farmacéutico o bajo su dirección, dispensado en oficina de farmacia o servicio farmacéutico, enumerado y descrito por el Formulario Nacional, destinado a su entrega directa a los enfermos a los que abastece dicha farmacia o servicio farmacéutico.

d) Todo medicamento que tenga la misma composición cualitativa y cuantitativa en principios activos y la misma forma farmacéutica, y cuya bioequivalencia con el medicamento de referencia haya sido demostrada por estudios adecuados de biodisponibilidad.

9. La disposición a que se adaptan los principios activos y excipientes para constituir un medicamento se denomina:

a) Forma farmacéutica.
b) Forma galénica.
c) Medicamento genérico.
d) Las repuestas a) y b) son correctas.

10. Según El Real Decreto Legislativo 1/2015, de 24 de julio, por el que se aprueba el Texto Refundido de la Ley de Garantías y Uso Racional de los Medicamentos y Productos Sanitarios, , se considera "producto sanitario": cualquier instrumento, dispositivo, equipo, programa informático, material u otro artículo, utilizado solo o en combinación, incluidos los programas informáticos destinados por su fabricante a finalidades específicas de diagnóstico y/o terapia y que intervengan en su buen funcionamiento, destinado por el fabricante a ser utilizado en seres humanos con fines de:

a) Diagnóstico, prevención, control, tratamiento o alivio de una enfermedad.
b) Diagnóstico, control, tratamiento, alivio o compensación de una lesión o de una deficiencia.
c) Investigación, sustitución o modificación de la anatomía o de un proceso fisiológico.
d) Todas las respuestas son correctas.

11. La disposición a que se adaptan los principios activos y excipientes para constituir un medicamento se denomina:

a) Principio activo.
b) Excipiente.
c) Producto intermedio.
d) Forma galénica.

12. Un medicamento elaborado en la farmacia por un farmacéutico, o bajo su dirección, descrito en el formulario nacional y dirigido a los clientes de dicha farmacia se denomina:

a) Preparado oficinal.
b) Fórmula magistral.
c) Medicamento genérico.
d) Todas son falsas.

13. Cualquier instrumento, dispositivo, equipo, programa informático, material u otro artículo, utilizado solo o en combinación, incluidos los programas informáticos destinados por su fabricante a finalidades específicas de diagnóstico y/o terapia, se denomina:

a) Material sanitario.
b) Producto sanitario.

c) Preparado sanitario.
d) Producto de parafarmacia.

14. Según el Real Decreto Legislativo 1/2015, tendrán el tratamiento legal de medicamentos:

a) Las sustancias o combinaciones de sustancias autorizadas para su empleo en ensayos clínicos.
b) Las sustancias o combinaciones de sustancias de las que se desconozca su composición, pero tengan una denominación oficinal.
c) Los preparados magistrales.
d) Los medicamentos notificados por la AEMPS.

15. Toda sustancia, sustancias o mezclas que, sin tener la consideración legal de medicamentos, productos sanitarios, cosméticos o biocidas, están destinados a ser aplicados sobre la piel, dientes o mucosas del cuerpo humano con finalidad de higiene o de estética, o para neutralizar o eliminar ectoparásitos, es considerada:

a) Producto cosmético.
b) Producto sanitario.
c) Producto de cuidado personal.
d) Producto higiénico.

En MADTEST tienes **más preguntas de este tema**, y todos tus avances quedan registrados y se reflejan en el ranking.

¡Supera tus límites con MADTEST!

Solución al test n.º 12

1. b) Real Decreto legislativo 1/2015, de 24 de julio.

2. c) En un título preliminar, y once títulos, más 16 disposiciones adicionales, 3 transitorias, 1 derogatoria, y 2 finales.

3. d) Todas son correctas.

4. c) Toda sustancia o combinación de sustancias que se presente como poseedora de propiedades para el tratamiento o prevención de enfermedades en seres humanos o que pueda usarse en seres humanos o administrarse a seres humanos con el fin de restaurar, corregir o modificar las funciones fisiológicas ejerciendo una acción farmacológica, inmunológica o metabólica, o de establecer un diagnóstico médico.

5. b) Toda sustancia o mezcla de sustancias destinadas a la fabricación de un medicamento y que, al ser utilizadas en su producción, se convierten en un componente activo de dicho medicamento destinado a ejercer una acción farmacológica, inmunológica o metabólica con el fin de restaurar, corregir o modificar las funciones fisiológicas, o de establecer un diagnóstico.

6. b) Es un medicamento destinado a un paciente individualizado, preparado por un farmacéutico, o bajo su dirección, para cumplimentar expresamente una prescripción facultativa detallada de los principios activos que incluye, según las normas de correcta elaboración y control de calidad establecidas al efecto, dispensado en oficina de farmacia o servicio farmacéutico y con la debida información al usuario.

7. b) Es todo producto destinado a una posterior transformación industrial por un fabricante autorizado.

8. c) Es un medicamento elaborado según las normas de correcta elaboración y control de calidad establecidas y garantizado por un farmacéutico o bajo su dirección, dispensado en oficina de farmacia o servicio farmacéutico, enumerado y descrito por el Formulario Nacional, destinado a su entrega directa a los enfermos a los que abastece dicha farmacia o servicio farmacéutico.

9. d) Las repuestas a) y b) son correctas.

10. d) Todas las respuestas son correctas.

11. d) Forma galénica.

12. a) Preparado oficinal.

13. b) Producto sanitario.

14. a) Las sustancias o combinaciones de sustancias autorizadas para su empleo en ensayos clínicos.

15. c) Producto de cuidado personal.

TEST N.º 13

Tipos de organizaciones farmacéuticas: el sistema sanitario y la organización farmacéutica. Oficinas de farmacia: organigrama tipo y funciones. Farmacias hospitalarias: organigrama tipo y funciones. El servicio de farmacia hospitalaria. Concepto general. Funciones del servicio de farmacia hospitalaria. Organigrama. Estructura. Áreas o zonas que la integran. Farmacia en Atención Primaria: concepto, funciones, organigrama y estructura. Almacenes farmacéuticos: organigramas tipo y funciones. Laboratorios farmacéuticos: organigrama tipo y funciones. Colegios profesionales: organigrama tipo y funciones. Agencia Española del Medicamento: definición, funciones y legislación que la ampara

1. Según la Ley 14/1986, de 25 de abril, General de Sanidad, se distinguen, dentro de la asistencia sanitaria, dos modalidades: Atención Primaria y Atención Especializada. No es una prestación del área de Atención Primaria:

a) Atención a la mujer.
b) Atención de urgencia.
c) Atención a la infancia.
d) Salud mental.

2. ¿En qué se diferencia la Atención Especializada de la Atención Primaria?

a) En que la Atención Especializada se presta en régimen ambulatorio y la Atención Primaria no.
b) En que solo la Atención Especializada ofrece la asistencia en régimen de internamiento.
c) En que la Atención Especializada se presta en régimen de urgencias y la Atención Primaria no.
d) Ninguna es correcta.

3. La Atención Primaria de la Salud:

a) Constituye el primer nivel de acceso ordinario de la población al Sistema Sanitario Públicos.
b) Se caracteriza por prestar atención especial a la salud.

c) Se puede prestar en régimen ambulatorio, de urgencias, e incluye asistencia en régimen domiciliario y de rehabilitación.

d) Todas son correctas.

4. La atención primaria es la puerta de entrada al sistema sanitario e integra diferentes funciones:

a) Promoción, prevención, tratamiento, curación y rehabilitación.

b) Promoción, prevención y protección.

c) Promoción, educación sanitaria y prevención.

d) Prevención, curación y rehabilitación.

5. ¿En qué conferencia internacional se define la Atención Primaria de Salud como una asistencia sanitaria puesta al alcance de todos los individuos y familias de la comunidad, por medios que le sean aceptables, con su plena participación y a un coste que la comunidad y país puedan soportar?

a) En la Carta de Ottawa.

b) En la Declaración de Yakarta.

c) En la Declaración de Alma-Ata.

d) En el Documento de salud 21.

6. Señala cuál No es una de las características de la Atención Primaria de la Salud:

a) Nuevos principios de atención a la salud: atención integral, referida a la promoción de la salud, prevención de la enfermedad, diagnóstico, tratamiento, curación y rehabilitación.

b) Nuevos servicios: cita previa programada, historia clínica familiar e individual, consultas de Enfermería, consultas del «niño sano», Servicios de Información al Usuario, etc.

c) Nueva concepción de la asistencia sanitaria, individual y colectiva, en la que solo se curan individuos enfermos.

d) Nuevas áreas asistenciales cubiertas: Salud laboral, Salud Mental, Asistencia social, Enfermos crónicos, etc.

7. Es un objetivo de la Atención Primaria de Salud:

a) Prestar asistencia ambulatoria especializada.

b) Promover la hospitalización de los pacientes.

c) El tratamiento temprano de las enfermedades para evitar hospitalizaciones innecesarias.

d) Todas son correctas.

8. Según el artículo 56 de la Ley General de Sanidad Comunidades Autónomas han delimitado y constituido en su territorio demarcaciones territoriales denominadas:

a) Zona Básica de salud.

b) Áreas de salud.

c) Centros de Salud.
d) EAP.

9. Las Áreas de Salud de dividen en:

a) Demarcaciones geográficas.
b) Departamentos especializados.
c) Zonas básicas de Salud.
d) Centros de salud.

10. Las Áreas de Salud:

a) Serán dirigidas por un órgano propio, donde deberán participar las Corporaciones Locales en ellas situadas con una representación no inferior al 20 por 100, dentro de las directrices y programas generales sanitarios establecidos por la Comunidad Autónoma.

b) Serán dirigidas por un órgano propio, donde deberán participar las Corporaciones Locales en ellas situadas con una representación no inferior al 30 por 100, dentro de las directrices y programas generales sanitarios establecidos por la Comunidad Autónoma.

c) Serán dirigidas por un órgano propio, donde deberán participar las Corporaciones Locales en ellas situadas con una representación no inferior al 40 por 100, dentro de las directrices y programas generales sanitarios establecidos por la Comunidad Autónoma.

d) Serán dirigidas por un órgano propio, donde deberán participar las Corporaciones Locales en ellas situadas con una representación no inferior al 50 por 100, dentro de las directrices y programas generales sanitarios establecidos por la Comunidad Autónoma.

11. Las Áreas de Salud se delimitan teniendo en cuenta factores:

a) Geográficos.
b) Demográficos.
c) Climatológicos.
d) Todas son correctas.

12. Un Área de Salud extenderá su acción a una población:

a) No superior a 20.000 habitantes.
b) No superior a 25.000 habitantes.
c) No inferior a 20.000 habitantes.
d) No superior a 250.000 habitantes.

13. El Área de Salud extiende su acción a una población no inferior a:

a) 150.000 habitantes.
b) 200.000 habitantes.
c) 20.000 habitantes.
d) 5.000 habitantes.

14. Señala el enunciado correcto en relación con las características de la Atención Primaria de Salud:

a) Los Ambulatorios y los Consultorios han venido a sustituir a los Centros de Salud.

b) Se incorporan nuevos profesionales, tales como los Trabajadores Sociales, Odontólogos, Farmacéuticos y Veterinarios y los Técnicos de Salud Pública, etc.

c) Se han instaurado nuevos horarios y régimen de personal; ya no es necesario una dedicación exclusiva al sistema sanitario público por parte de los profesionales.

d) Surge una nueva sectorización del territorio, desaparecen las Zonas Básicas de Salud.

15. Señala cuál de las siguientes no es una de las características de la Atención Primaria de Salud:

a) Desaparecen antiguas áreas asistenciales tales como Salud laboral, Salud Mental, Asistencia social, Enfermos crónicos, etc.

b) Se establecen nuevos servicios como la cita previa programada, Historia Clínica familiar e individual, Consultas de Enfermería, Consultas del «niño sano», Servicios de Información al Usuario, etc.

c) Surge una nueva concepción de la asistencia sanitaria, individual y colectiva, en la que no solo se curan individuos enfermos sino que se promociona la salud y se educan individuos sanos.

d) Se crea una nueva sectorización del territorio, las Zonas Básicas de Salud.

En MADTEST tienes **más preguntas de este tema**, y todos tus avances quedan registrados y se reflejan en el ranking.

¡Supera tus límites con MADTEST!

Solución al test n.º 13

1. d) Salud mental.

2. b) En que solo la Atención Especializada ofrece la asistencia en régimen de internamiento.

3. a) Constituye el primer nivel de acceso ordinario de la población al Sistema Sanitario Públicos.

4. a) Promoción, prevención, tratamiento, curación y rehabilitación.

5. c) En la Declaración de Alma-Ata.

6. c) Nueva concepción de la asistencia sanitaria, individual y colectiva, en la que solo se curan individuos enfermos.

7. c) El tratamiento temprano de las enfermedades para evitar hospitalizaciones innecesarias.

8. b) Áreas de salud.

9. c) Zonas básicas de Salud.

10. c) Serán dirigidas por un órgano propio, donde deberán participar las Corporaciones Locales en ellas situadas con una representación no inferior al 40 por 100, dentro de las directrices y programas generales sanitarios establecidos por la Comunidad Autónoma.

11. d) Todas son correctas.

12. d) No superior a 250.000 habitantes.

13. b) 200.000 habitantes.

14. b) Se incorporan nuevos profesionales, tales como los Trabajadores Sociales, Odontólogos, Farmacéuticos y Veterinarios y los Técnicos de Salud Pública, etc..

15. a) Desaparecen antiguas áreas asistenciales tales como Salud laboral, Salud Mental, Asistencia social, Enfermos crónicos, etc..

TEST N.º 14

Sistema de gestión de la calidad de los servicios de farmacias: objetivos, metodología, definición de estándares, indicadores, evaluación y seguimiento. Nuevas tecnologías en los servicios de farmacia y sistemas informáticos: en los procesos de prescripción, elaboración, dispensación y administración de medicamentos, informatización y automatización. Sistemas robotizados. Sistemas informatizados de prescripción: prescripción electrónica y prescripción electrónica asistida. Sistemas de radiofrecuencia (rfid). Impacto de las nuevas tecnologías

1. ¿Qué se valora en el parámetro denominado "estructura" dentro de un sistema de gestión de calidad?

a) El objetivo que se persigue para lograr la calidad.
b) Los medios materiales, organizativos y humanos del centro.
c) El proceso a seguir para transformar los insumos en productos.
d) Los resultados obtenidos.

2. ¿Cuál es el triple enfoque clásico propuesto por Avedis Donabedian que resulta necesario para la medición de la calidad?

a) Dinero, valor y costos.
b) Estructura, proceso y resultado.
c) Insumo, feedback y producto.
d) Eficacia, efectividad y eficiencia.

3. Según el modelo de medición de la calidad de Donabedian, ¿en qué categoría se deben incluir las infraestructuras de un hospital?

a) Dentro de la estructura.
b) Dentro del proceso.

c) Dentro de los resultados.
d) Dentro del feedback.

4. ¿Cómo se denomina la facilidad con la que un paciente puede obtener atención sanitaria cuando lo necesita?

a) Eficacia.
b) Seguridad.
c) Adecuación.
d) Accesibilidad.

5. ¿Cuál de las siguientes definiciones corresponde al concepto de seguridad del paciente?

a) Facilidad con que un paciente puede obtener atención en el momento preciso.
b) Facilidad con que un paciente puede obtener atención en el momento preciso.
c) Prestación de la asistencia sin eventos adversos evitables.
d) Coordinación efectiva de la atención a un paciente entre los profesionales, por la organización y en el tiempo.

6. ¿Qué tipo de indicadores de calidad permiten identificar eventos individuales o fenómenos indeseables que siempre deben dar lugar a un análisis posterior?

a) Indicadores centinela.
b) Indicadores basados en tasas.
c) Indicadores basados en índices.
d) Ninguno de los anteriores.

7. ¿Qué tipo de indicadores de calidad son los más utilizados habitualmente en la gestión de riesgos dentro de los servicios sanitarios?

a) Indicadores centinela.
b) Indicadores basados en tasas.
c) Indicadores de estructura.
d) Indicadores de proceso.

8. ¿Qué tipo de indicadores de calidad tienen como objetivo describir los efectos obtenidos tras la actividad sanitaria desarrollada?

a) Indicadores de resultado.
b) Indicadores basados en tasas.
c) Indicadores de estructura.
d) Indicadores de proceso.

9. ¿Cómo se denomina la capacidad de un indicador para detectar todos los casos en los que existe realmente un problema de calidad?

a) Validez.
b) Especificidad.
c) Sensibilidad.
d) Seguridad.

10. ¿Qué tipo de análisis utiliza herramientas metodológicas como el diagrama de Ishikawa, el diagrama de Pareto y los diagramas de flujo?

a) Análisis cualitativo.
b) Análisis cuantitativo.
c) Análisis casual.
d) Análisis causal.

11. ¿Cuál de las siguientes afirmaciones es falsa respecto a las ventajas que ofrece implantar un sistema de gestión de calidad?

a) Aborda los riesgos y oportunidades asociadas con su contexto y objetivos.
b) Mejora los resultados.
c) Impide el fomento de la participación y motivación del personal.
d) Facilita oportunidades de aumentar la satisfacción del cliente.

12. ¿Qué norma ISO establece la manera de implementar un Sistema de Gestión de Calidad en una empresa?

a) ISO 500.
b) ISO 6000.
c) ISO 9000.
d) ISO 5500.

13. ¿Cómo se denomina la medida que consiste en elaborar, difundir y aplicar normas con el fin de establecer soluciones a situaciones repetitivas?

a) Normalización.
b) Acreditación.
c) Retroalimentación.
d) Certificación.

14. ¿Qué entidad se encarga en España de distribuir de forma oficial las normas ISO internacionales?

a) La Asociación Española de Acreditación y Estandarización.
b) El organismo rector de Certificación y Estandarización.

c) La Asociación Española de Normalización y Certificación.

d) Ninguna de las anteriores.

15. ¿Cuál de los principios de gestión de la calidad en los que se basa la norma ISO consiste en que las decisiones deben tomarse en función del análisis y evaluación de datos e información?

a) Enfoque de procesos.

b) Mejora.

c) Compromiso con las personas.

d) Toma de decisiones basada en la evidencia.

En MADTEST tienes **más preguntas de este tema**, y todos tus avances quedan registrados y se reflejan en el ranking.

¡Supera tus límites con MADTEST!

Solución al test n.º 14

1. b) Los medios materiales, organizativos y humanos del centro.

2. b) Estructura, proceso y resultado.

3. a) Dentro de la estructura.

4. d) Accesibilidad.

5. c) Prestación de la asistencia sin eventos adversos evitables.

6. a) Indicadores centinela.

7. a) Indicadores centinela.

8. a) Indicadores de resultado.

9. c) Sensibilidad.

10. d) Análisis causal.

11. c) Impide el fomento de la participación y motivación del personal.

12. c) ISO 9000.

13. a) Normalización.

14. c) La Asociación Española de Normalización y Certificación (AENOR).

15. d) Toma de decisiones basada en la evidencia.

TEST N.º 15

Medicamentos: definiciones y tipos. Clasificación anatómica, terapéutica y química. Generalidades: mecanismo de acción y efectos. Factores que modifican la acción farmacológica. Definiciones y tipos. Medicamentos de diagnóstico hospitalario y uso hospitalario. Ficha técnica. Aplicaciones informáticas de bases de datos del medicamento

1. Uno de los siguientes no es un medicamento especial biológico:

a) Vacunas.
b) Sueros.
c) Insulinas.
d) Hemoderivados.

2. Sobre los productos farmacéuticos, señala la respuesta incorrecta:

a) Es cualquier producto del sector farmacéutico pudiendo estar patentado o no.
b) Engloba las los productos higiénicos.
c) Engloba a los productos dietéticos.
d) Engloba a los efectos sus accesorios.

3. Podemos clasificar los medicamentos de diferentes maneras según la finalidad que se persiga; señala cual cuál no es una clasificación útil:

a) Según la propiedad de la patente.
b) Según la financiación del SNS.
c) Según las condiciones de dispensación.
d) Todas son correctas.

4. Un medicamento original es:

a) Medicamentos fabricados por laboratorios que obtienen la licencia para fabricarlos, cedida por el laboratorio que ha hecho el desarrollo del producto y que tiene la patente del mismo.

b) Medicamentos que aparecen en el mercado una vez caducada la patente de los medicamentos originales.

c) Medicamentos desarrollados en el laboratorio que los comercializa. Tienen patente y dura cierto tiempo, y cuando se caduca la patente cualquier laboratorio puede fabricar estos medicamentos.

d) Todo medicamento que tenga la misma composición cualitativa y cuantitativa en principio activo y la misma fórmula farmacéutica, y cuya bioequivalencia con el medicamento de referencia haya sido demostrada por estudios adecuados de biodisponibilidad.

5. Los requisitos específicos de la autorización de medicamentos genéricos se regulan en:

a) Real Decreto 1705/1998.
b) Real Decreto 225 /2010.
c) Real Decreto 1345/2007.
d) Real Decreto 900/2000.

6. Señala cuál es un medicamento sujeto a prescripción médica:

a) De dispensación renovable y no renovable.
b) De dispensación restringida.
c) De prescripción especial.
d) Todas son correctas.

7. Sobre los medicamentos sujetos a prescripción médica señala lo incorrecto:

a) La prescripción médica se lleva a cabo mediante receta o no.
b) Se identifican por la leyenda "medicamento sujeto a prescripción médica".
c) Presentan símbolo "O" en su etiquetaje.
d) Algunos tienen características especiales que se identifican en el etiquetado.

8. Señala el enunciado correcto sobre los medicamentos de dispensación renovable:

a) Son los utilizados en tratamientos de larga duración.
b) El plazo máximo de duración del tratamiento que puede ser prescrito en una receta es de 1 año si la prescripción se realiza en papel.
c) El plazo máximo de duración del tratamiento que puede ser prescrito en una receta es de 6 meses de duración si la prescripción se realiza en receta electrónica.
d) Se identifica con las siglas MDR en su embalaje.

9. Señala cuál no es un medicamento de dispensación restringida:

a) Medicamentos de uso hospitalario.
b) Medicamentos de diagnóstico hospitalario.

c) Medicamentos TLD.
d) Medicamentos de especial control médico.

10. Todas las especialidades farmacéuticas psicotrópicas (sustancia del anexo I), que requieren receta médica para su dispensación llevan rotulado en el cartonaje, junto a su código nacional:

a) Un círculo negro.
b) Un círculo de fondo blanco.
c) Un círculo de fondo blanco dividido por una franja negra vertical.
d) Medio círculo de fondo negro y el otro medio de fondo blanco.

11. La parte de la farmacología que estudia mecanismos de acción y efectos de los fármacos en el organismo animal se denomina:

a) Farmacoterapéutica.
b) Farmacognosia.
c) Farmacodinámica.
d) Patogenia.

12. El estudio y características físico-químicas de las materias primas o principios activos de origen biológicos destinadas a la preparación de un fármaco, se denomina:

a) Farmacocinética.
b) Farmacognosia.
c) Farmacoterapia.
d) Farmacotecnología.

13. El tratamiento etiológico es el que:

a) Pretende combatir la causa de la enfermedad.
b) Pretende bloquear el mecanismo patológico de una alteración fisiológica.
c) Está encaminado a definir una enfermedad.
d) Alivia los síntomas.

14. ¿Qué ciencia engloba todos los procesos técnicos de la elaboración de medicamentos, así como los analíticos y de control de calidad del producto acabado?

a) Farmacodinamia.
b) Farmacotecnia.
c) Farmacia galénica.
d) Las respuestas b) y c) son correctas.

15. En relación con la farmacocinética, señala la respuesta incorrecta:

a) La concentración de un fármaco en su lugar de acción depende del grado y velocidad de su absorción, distribución, fijación, biotransformación y excreción.

b) Es la ciencia que estudia los efectos de los fármacos en el ser humano.

c) Es la parte de la farmacología que estudia el movimiento de los fármacos en el organismo en función del tiempo y de la dosis.

d) Las respuestas a) y c) son correctas.

En MADTEST tienes **más preguntas de este tema**, y todos tus avances quedan registrados y se reflejan en el ranking.

¡Supera tus límites con MADTEST!

Solución al test n.º 15

1. b) Suero.

2. a) Es cualquier producto del sector farmacéutico pudiendo estar patentado o no.

3. d) Todas son correctas.

4. c) Medicamentos desarrollados en el laboratorio que los comercializa. Tienen patente y dura cierto tiempo, y cuando se caduca la patente cualquier laboratorio puede fabricar estos medicamentos.

5. c) Real Decreto 1345/2007.

6. d) Todas son correctas.

7. a) La prescripción médica se lleva a cabo mediante receta o no.

8. a) Son los utilizados en tratamientos de larga duración.

9. c) Medicamentos TLD.

10. d) Medio círculo de fondo negro y el otro medio de fondo blanco.

11. c) Farmacodinámica.

12. b) Farmacognosia.

13. a) Pretende combatir la causa de la enfermedad.

14. d) Las respuestas b) y c) son correctas.

15. b) Es la ciencia que estudia los efectos de los fármacos en el ser humano.

TEST N.º 16

Medicamentos especiales. Concepto. Medicamentos extranjeros, compasivos o utilizados en condiciones no establecidas en su ficha técnica. Estupefacientes y psicótropos. Medicamentos de especial control. Medicamentos de ensayos clínicos. Concepto. Circuitos especiales para este tipo de medicamentos. Normas de buena práctica clínica

1. Se define "Uso de medicamentos en condiciones diferentes a las autorizadas":

a) El uso de medicamentos en condiciones distintas de las incluidas en la ficha técnica autorizada.

b) La utilización de un medicamento antes de su autorización en España en pacientes que padecen una enfermedad crónica o gravemente debilitante o que se considera que pone en peligro su vida y que no pueden ser tratados satisfactoriamente con un medicamento autorizado.

c) Utilización de medicamentos autorizados en otros países pero no autorizados en España, cuando no cumplan con la definición de uso compasivo de medicamentos en investigación.

d) Utilización de medicamentos autorizados en España y otros países, cuando no cumplan con la definición de uso compasivo de medicamentos en investigación.

2. Se define "Uso compasivo de medicamentos en investigación":

a) El uso de medicamentos en condiciones distintas de las incluidas en la ficha técnica autorizada.

b) La utilización de un medicamento antes de su autorización en España en pacientes que padecen una enfermedad crónica o gravemente debilitante o que se considera pone en peligro su vida y que no pueden ser tratados satisfactoriamente con un medicamento autorizado.

c) Utilización de medicamentos autorizados en otros países pero no autorizados en España, cuando no cumplan con la definición de uso compasivo de medicamentos en investigación.

d) Ninguna es correcta.

3. El acceso al uso de medicamento en investigación podrá efectuarse mediante:

a) Autorización de acceso colectivo.
b) Autorización temporal de utilización.
c) Autorización definitiva y protocolo de utilización.
d) Autorización del centro hospitalario.

4. El centro hospitalario solicita el acceso a medicamentos en investigación:

a) De forma individualizada a la AEMPS.
b) Debe haber un visto bueno por parte de la Dirección del Centro.
c) A la solicitud se debe adjuntar documentación; como informe clínico del médico responsable en el que se justifique la necesidad del medicamento para el paciente, la conformidad del promotor y el número de envases requeridos.
d) Todas son ciertas.

5. Señala lo incorrecto. La utilización de medicamentos autorizados en condiciones diferentes a las establecidas en su ficha técnica:

a) Tiene carácter excepcional.
b) No requiere consentimiento informado.
c) Se limita a situaciones en las que se careza de alternativas terapéuticas autorizadas para un determinado paciente.
d) El médico responsable del tratamiento deberá justificar convenientemente en la historia clínica la necesidad del uso del medicamento e informar al paciente de los posibles beneficios y los riesgos potenciales.

6. Los medicamentos de especial control médico son aquellos que:

a) Tienen un coste muy elevado.
b) Pueden producir efectos adversos graves.
c) Se utilizan en mujeres embarazadas.
d) Se utilizan en niños recién nacidos.

7. Los pedidos de estupefacientes fueron regulados internacionalmente por la Convención única de la ONU sobre estupefacientes del año:

a) 1961.
b) 1971.
c) 1969.
d) Ninguna es correcta.

8. Requieren receta oficial de estupefacientes los pertenecientes a la lista:

a) I.
b) II.

c) III.
d) Las respuestas b) y c) son correctas.

9. Señala la respuesta incorrecta respecto a los medicamentos de especial control médico:

a) Están destinados a pacientes ambulatorios.
b) Su utilización no produce RAM muy graves.
c) Se prescriben por parte de médicos especialistas.
d) Se identifican con las siglas ECM.

10. Para la dispensación de especialidades farmacéuticas psicotrópicas es necesario:

a) Receta médica.
b) DNI.
c) Receta oficial.
d) Las respuestas a) y b) son correctas.

11. Para la dispensación de especialidades farmacéuticas estupefacientes según Real Decreto 1675/2012, de 14 de diciembre:

a) Se prescribe mediante Receta oficial de estupefacientes.
b) En cada ROE, se podrán prescribir hasta un máximo de 4 envases.
c) La prescripción no superará los tres meses de tratamiento.
d) Todas son ciertas.

12. Cada dispensación de una especialidad farmacéutica psicotrópica debe registrarse en el libro recetario, anotando:

a) Fecha, número de registro, especialidad prescrita, nombre del médico, número de DNI y observaciones.
b) Nombre del paciente, número de receta, nombre del médico.
c) Fecha, número de receta, especialidad prescrita, nombre del paciente y su DNI.
d) Ninguna de las respuestas anteriores es cierta.

13. Citar cuál de los medicamentos que se mencionan a continuación pertenecen a la categoría de especialidad farmacéutica psicotrópica:

a) Lexatin®.
b) Orfidal®.
c) Trankimazín®.
d) Todos son psicotrópicos.

14. Citar cuál de los medicamentos que se señalan a continuación pertenece a la categoría de especialidad farmacéutica estupefaciente:

a) Somnovit®.
b) Noctamid®.
c) Durogesic®.
d) Orfidal®.

15. Las especialidades farmacéuticas psicotrópicas:

a) Necesitan receta médica para su dispensación.
b) Se requiere la presentación del DNI.
c) Cada dispensación psicotrópica debe registrarse en el libro recetario.
d) Todas son correctas.

En MADTEST tienes **más preguntas de este tema**, y todos tus avances quedan registrados y se reflejan en el ranking.

¡Supera tus límites con MADTEST!

Solución al test n.º 16

1. a) Uso de medicamentos en condiciones diferentes de las autorizadas: el uso de medicamentos en condiciones distintas de las incluidas en la ficha técnica autorizada.

2. b) La utilización de un medicamento antes de su autorización en España en pacientes que padecen una enfermedad crónica o gravemente debilitante o que se considera pone en peligro su vida y que no pueden ser tratados satisfactoriamente con un medicamento autorizado.

3. b) Autorización temporal de utilización.

4. d) Todas son ciertas.

5. b) No requiere consentimiento informado.

6. b) Pueden producir efectos adversos graves.

7. a) 1961.

8. a) I.

9. b) Su utilización no produce RAM muy graves.

10. d) Las respuestas a) y b) son correctas.

11. d) Todas son ciertas.

12. a) Fecha, número de registro, especialidad prescrita, nombre del médico, número de DNI y observaciones.

13. d) Todos son psicotrópicos.

14. c) Durogesic®.

15. d) Todas son correctas.

TEST N.º 17

Formas farmacéuticas y dosificación de los medicamentos: conceptos generales. Vías de administración de medicamentos. Formas farmacéuticas según la vía de administración. Tipos de dosis, relación dosis-efecto, factores que intervienen en la dosificación. Procesos ladme: liberación, absorción, distribución, metabolismo, excreción

1. Los factores que determinan el grado de absorción de un fármaco no incluyen:

a) La capacidad del fármaco para cruzar las membranas biológicas.
b) La vía de administración.
c) La capacidad de biotransformación del fármaco.
d) La solubilidad del fármaco.

2. ¿Qué evolución sigue un fármaco una vez administrado?

a) Liberación, distribución, biotransformación, absorción y eliminación.
b) Absorción, liberación, metabolización, distribución y eliminación.
c) Liberación, absorción, distribución, metabolización y eliminación.
d) Liberación, absorción, distribución, metabolización, eliminación y biotransformación.

3. La cantidad relativa del fármaco administrado que alcanza la circulación sanguínea o llega de forma activa a la circulación se denomina:

a) CMP.
b) CME.
c) Biodisponibilidad.
d) Periodo de latencia.

4. Un fármaco se ha liberado cuando:

a) Se ha disuelto en el lugar de absorción.
b) Ha pasado al torrente sanguíneo.
c) Se ha unido a su receptor específico.
d) Se difunde a través del plasma.

5. El transporte de un fármaco a través de las membranas celulares depende de:

a) Peso molecular del fármaco.
b) Gradiente de concentración.
c) Liposolubilidad y grado de ionización.
d) Todas son correctas.

6. ¿Cuál de las siguientes opciones define mejor el concepto de distribución en farmacología?

a) Es el tiempo que transcurre desde que el fármaco pasa al torrente sanguíneo hasta que deja de tener efecto.
b) Es el proceso de transporte del fármaco desde su lugar de absorción hasta el órgano diana.
c) Es el proceso por el cual un fármaco es trasladado desde el sitio de administración hasta la sangre.
d) Es la velocidad a la que una determinada droga se une a las proteínas que le permitirán introducirse dentro de la célula.

7. ¿Qué evolución sigue un fármaco una vez administrado?

a) Liberación, distribución, biotransformación, absorción y eliminación.
b) Absorción, liberación, metabolización, distribución y eliminación.
c) Liberación, absorción, distribución, metabolización y eliminación.
d) Liberación, absorción, distribución, metabolización, eliminación y biotransformación.

8. La cantidad relativa del fármaco administrado que alcanza la circulación sanguínea o llega de forma activa a la circulación se denomina:

a) CMP.
b) CME.
c) Biodisponibilidad.
d) Periodo de latencia.

9. Un fármaco se ha liberado cuando:

a) Se ha disuelto en el lugar de absorción.
b) Ha pasado al torrente sanguíneo.

c) Se ha unido a su receptor específico.

d) Se difunde a través del plasma.

10. El transporte de un fármaco a través de las membranas celulares depende de:

a) Peso molecular del fármaco.

b) Gradiente de concentración.

c) Liposolubilidad y grado de ionización.

d) Todas son correctas.

11. ¿Cuál de las siguientes opciones define mejor el concepto de distribución en farmacología?

a) Es el tiempo que transcurre desde que el fármaco pasa al torrente sanguíneo hasta que deja de tener efecto.

b) Es el proceso de transporte del fármaco desde su lugar de absorción hasta el órgano diana.

c) Es el proceso por el cual un fármaco es trasladado desde el sitio de administración hasta la sangre.

d) Es la velocidad a la que una determinada droga se une a las proteínas que le permitirán introducirse dentro de la célula.

12. No es un factor que influye en la distribución tisular del fármaco:

a) La afinidad particular del fármaco con un tejido específico.

b) La vía de administración.

c) Las características físico-químicas del fármaco.

d) La capacidad para unirse a proteínas plasmáticas.

13. ¿Cómo viajan los fármacos por la sangre?

a) Libremente.

b) Unidos a proteínas plasmáticas como la albúmina.

c) Unidos a algunas proteínas específicas.

d) Todas son correctas.

14. Señala el enunciado incorrecto:

a) La fracción libre de fármaco es la única que puede difundir hacia los tejidos y dar lugar al efecto farmacológico.

b) La fracción libre del fármaco no tiene efecto terapéutico, porque no puede atravesar barreras y difundir los tejidos.

c) Los fármacos unidos a las proteínas circularán por la sangre, sin pasar a los tejidos; por tanto, aumentará su tiempo de vida media.

d) Los fármacos libres se difundirán hacia los tejidos diana, dando lugar al efecto farmacológico que será mayor al deseado, debido a que mayor cantidad de fármaco habrá contactado con los receptores en menor cantidad de tiempo.

15. Señala el enunciado incorrecto en relación con el primer paso hepático:

a) Es el fenómeno que se produce cuando el fármaco que se ha absorbido a escala gastrointestinal pasa al hígado, donde una parte se metaboliza, antes de alcanzar la circulación sistémica.

b) La vía sublingual tiene primer paso hepático.

c) La vía intramuscular carece de primer paso hepático.

d) Todas son correctas.

En MADTEST tienes **más preguntas de este tema**, y todos tus avances quedan registrados y se reflejan en el ranking.

¡Supera tus límites con MADTEST!

Solución al test n.º 17

1. c) La capacidad de biotransformación del fármaco.

2. c) Liberación, absorción, distribución, metabolización y eliminación.

3. c) Biodisponibilidad.

4. a) Se ha disuelto en el lugar de absorción.

5. d) Todas son correctas.

6. b) Es el proceso de transporte del fármaco desde su lugar de absorción hasta el órgano diana.

7. c) Liberación, absorción, distribución, metabolización y eliminación.

8. c) Biodisponibilidad.

9. a) Se ha disuelto en el lugar de absorción.

10. d) Todas son correctas.

11. b) Es el proceso de transporte del fármaco desde su lugar de absorción hasta el órgano diana.

12. b) La vía de administración.

13. d) Todas son correctas.

14. b) La fracción libre del fármaco no tiene efecto terapéutico, porque no puede atravesar barreras y difundir los tejidos.

15. b) La vía sublingual tiene primer paso hepático.

TEST N.º 18

Seguridad en el uso de los medicamentos. Contraindicaciones, interacciones farmacológicas, alergias. Medicamentos de alto riesgo. Errores de medicación. Concepto. Terminología. Clasificación de errores. Tipos y causas de errores. Sistema de detección de errores. Comunicación. Recomendaciones para prevenir errores de medicación. Tecnología aplicada a la prevención de errores de medicación

1. Cuando se administra un fármaco por vía oral se hace la comprobación de los cinco correctos; esto consiste en:

a) Asegurarse del nombre del paciente, medicamento, dosis a administrar, vía y horario.

b) Asegurarse del nombre del paciente, n.º de habitación, medicamento, vía de administración y horario.

c) Asegurarse del nombre del paciente, n.º de habitación y cama, dosis a administrar, vía y horario.

d) Asegurarse del medicamento correcto, dosis correcta, paciente correcto, vía correcta, momento correcto.

2. Un error en la medicación (EM):

a) Es cualquier error que se produce en cualquiera de los procesos de utilización de los medicamentos.

b) Es cualquier incidente prevenible que puede causar daño al paciente.

c) Incluye los errores de prescripción y seguimiento de medicamentos y son responsables de acontecimiento adversos de gravedad para el paciente.

d) Todas son correctas.

3. Señala la respuesta incorrecta en relación con los errores de la medicación:

a) Están relacionados con la práctica profesional.

b) Pueden presentarse por medicamentos con denominación genérica, nombre comercial o aspecto parecido.

c) Son inevitables.

d) Ocurre en el uso clínico con concentraciones y posología similares.

4. Los errores en la medicación No pueden presentarse por:

a) El conocimiento completo de los nombres de los medicamentos.

b) Los productos nuevos en el mercado.

c) Los envases o etiquetas similares.

d) La falta de evaluaciones rigurosas antes de la aprobación de los nombres para las sustancias nuevas.

5. Señala cuál es una solución para que no se produzcan errores en la medicación:

a) Asegurar la legibilidad de las recetas.

b) Exigir que las órdenes de medicamentos incluyan tanto la marca comercial como la denominación común, la forma de dosificación, la concentración, las instrucciones e indicaciones de uso.

c) Debe haber una separación física de los medicamentos con aspecto o nombres parecidos en las áreas de almacenamiento.

d) Todas son soluciones.

6. Según la clasificación de gravedad de errores en la medicación, un error que ha llegado al paciente pero que no causa daño es un error de:

a) Categoría A.

b) Categoría B.

c) Categoría C.

d) Categoría D.

7. Para detectar posibles errores se obtiene la historia farmacoterapéutica del paciente en el medio ambulatorio y se usa como referencia de comparación con la prescrita en el ingreso, traslado de servicio, etc. Este proceso se denomina:

a) Plan de acogida.

b) Conciliación del tratamiento.

c) Evaluación y registro de datos.

d) Criterios de estandarización.

8. Un error en la medicación puede presentarse por:

a) Medicamentos con denominación genérica, nombre comercial o aspecto parecido.

b) Confusión por la caligrafía ilegible de la fórmula.

c) El conocimiento incompleto de los nombres de los medicamentos.

d) Todas son correctas.

9. ¿Cómo se pueden evitar los errores en la medicación?

a) Asegurando la legibilidad de las recetas.
b) Exigir que las órdenes de medicamentos incluyan tanto la marca comercial como la denominación común, la forma de dosificación, la concentración., etc.
c) Análisis periódico de los nombres de los productos nuevos.
d) Todas son correctas.

10. Un error de medicación es:

a) Efecto que puede evitarse y que es causado por una utilización inadecuada de un medicamento produciendo lesión a un paciente mientras la medicación está bajo control del personal sanitario.
b) Alteración y/o lesión producida cuando los medicamentos se utilizan de manera apropiada.
c) Las respuestas a) y b) son correctas.
d) Las respuestas a) y b) son falsas.

11. No administrar una dosis prescrita a un paciente antes de la siguiente dosis programada es:

a) Error de prescripción.
b) Error de omisión.
c) Error de dosificación.
d) Negligencia.

12. Las reacciones adversas caracterizadas por una respuesta no relacionada con la acción farmacológica y causada por una reactividad alterada del paciente, que generalmente es considerada de naturaleza alérgica se denominan:

a) Reacciones de intolerancia.
b) Reacciones idiosincrásicas.
c) Reacciones de hipersensibilidad.
d) Interacciones.

13. Cualquier reacción nociva o no deseable que se presenta al administrar un fármaco a la dosis empleada habitualmente se denomina:

a) Reacción idiosincrásica.
b) Reacción adversa.
c) Reacción tóxica.
d) Efecto secundario.

14. Son reacciones del fármaco independientemente de la dosis:

a) Reacciones idiosincrásicas.
b) Reacciones de hipersensibilidad.

c) Reacción absoluta.

d) Las respuestas a) y b) son ciertas.

15. La necesidad de tomar un fármaco de forma periódica, para evitar el malestar ocasionado por la deprivación, se denomina:

a) Tolerancia.

b) Dependencia.

c) Resistencia.

d) Taquifilaxia.

En MADTEST tienes **más preguntas de este tema**, y todos tus avances quedan registrados y se reflejan en el ranking.

¡Supera tus límites con MADTEST!

Solución al test n.º 18

1. d) Asegurarse del medicamento correcto, dosis correcta, paciente correcto, vía correcta, momento correcto.

2. d) Todas son correctas.

3. c) Son inevitables.

4. a) El conocimiento completo de los nombres de los medicamentos.

5. d) Todas son soluciones.

6. c) Categoría C.

7. b) Conciliación del tratamiento.

8. d) Todas son correctas.

9. d) Todas son correctas.

10. a) Efecto que puede evitarse y que es causado por una utilización inadecuada de un medicamento produciendo lesión a un paciente mientras la medicación está bajo control del personal sanitario.

11. b) Error de omisión.

12. c) Reacciones de hipersensibilidad.

13. b) Reacción adversa.

14. d) Las respuestas a) y b) son ciertas.

15. b) Dependencia.

TEST N.º 19

Farmacovigilancia y sistema español de farmacovigilancia. Reacciones adversas de los medicamentos: concepto y clasificación. Programa de notificación espontánea de reacciones adversas. Información y documentación relativas al sistema de farmacovigilancia. Alertas farmacéuticas

1. ¿Qué se entiende por farmacovigilancia?

a) La identificación, cuantificación, evaluación y prevención de los riesgos asociados al uso de medicamentos una vez comercializados.
b) La supervisión de la venta de medicamentos en farmacias.
c) La identificación y regulación de medicamentos falsificados.
d) El control de la producción de medicamentos en laboratorios.

2. ¿Quiénes están implicados en la farmacovigilancia?

a) Solo la Agencia Española de Medicamentos y Productos Sanitarios (AEMPS).
b) Exclusivamente los médicos y farmacéuticos.
c) Autoridades sanitarias, titulares de comercialización y profesionales sanitarios.
d) Solo los laboratorios farmacéuticos.

3. ¿Cuál de las siguientes NO es una fuente de información en farmacovigilancia?

a) Estudios preclínicos y metaanálisis.
b) Bases de datos sanitarias informatizadas.
c) Informaciones de otras autoridades sanitarias internacionales.
d) Publicidad de medicamentos en medios de comunicación.

4. ¿Qué organismo actúa como centro coordinador del Sistema Español de Farmacovigilancia?

a) Ministerio de Sanidad.
b) Organización Mundial de la Salud (OMS).

c) Agencia Española de Medicamentos y Productos Sanitarios (AEMPS).
d) Colegios de farmacéuticos.

5. ¿Qué herramienta informática recopila los datos de reacciones adversas en España?

a) Eudravigilance.
b) Tarjeta verde.
c) FEDRA (Farmacovigilancia Española, Datos de Reacciones Adversas).
d) Plataforma RAM.

6. ¿Qué sistema permite la notificación electrónica de sospechas de reacciones adversas en España?

a) NotificaRAM.
b) SEFV-H.
c) INFOMED.
d) Eudravigilance.

7. ¿Qué obligación tienen los profesionales sanitarios en relación con la farmacovigilancia?

a) Notificar únicamente las reacciones adversas leves.
b) Notificar reacciones adversas solo si afectan a más de un paciente.
c) Notificar las sospechas de reacciones adversas graves o inesperadas.
d) Solo informar a los laboratorios farmacéuticos.

8. ¿Qué documento se utiliza para notificar sospechas de reacciones adversas?

a) Informe técnico de la AEMPS.
b) Certificado de farmacovigilancia.
c) Tarjeta amarilla.
d) Notificación verde.

9. ¿Qué debe incluir una tarjeta amarilla de notificación?

a) Solo el nombre del medicamento sospechoso.
b) Datos del paciente, medicamento sospechoso, reacción adversa y datos del notificador.
c) Exclusivamente la fecha en que se administró el medicamento.
d) Nombre del médico que prescribió el medicamento.

10. ¿Qué organismo emite alertas farmacéuticas en España?

a) Ministerio de Sanidad.
b) Real Academia de Farmacia.
c) Organizaciones médicas privadas.
d) Agencia Española de Medicamentos y Productos Sanitarios (AEMPS).

11. ¿Qué tipo de alertas farmacéuticas existen?

a) Alertas de prescripción, dispensación y distribución.
b) Alertas de farmacovigilancia y farmacogenética.
c) Alertas de calidad, de seguridad y de comercialización de medicamentos ilegales.
d) Alertas de precio, composición y venta.

12. ¿Qué información contiene una alerta farmacéutica?

a) Nombre del medicamento y precio de venta.
b) Solo el motivo de la alerta.
c) Defecto o alteración del medicamento y medidas a adoptar.
d) Registro de ventas del medicamento afectado.

13. ¿Qué tipo de reacciones adversas deben notificarse con prioridad?

a) Las leves que desaparecen sin tratamiento.
b) Las que afectan solo a un pequeño grupo de pacientes.
c) Las reacciones adversas graves y las asociadas a medicamentos de reciente comercialización.
d) Las reacciones adversas relacionadas con fármacos homeopáticos.

14. ¿Cuál es el objetivo del balance beneficio-riesgo en farmacovigilancia?

a) Evaluar solo los efectos positivos del medicamento.
b) Medir la eficacia sin considerar efectos adversos.
c) Determinar si un medicamento puede venderse sin receta.
d) Valorar los efectos beneficiosos del medicamento en relación con sus riesgos.

15. ¿Qué es un acontecimiento adverso por medicamentos (AAM)?

a) Solo las reacciones adversas leves.
b) Fallos en la producción de medicamentos.
c) Cualquier daño causado por el uso o falta de uso de un medicamento.
d) Un efecto placebo inesperado.

En MADTEST tienes **más preguntas de este tema**, y todos tus avances quedan registrados y se reflejan en el ranking.

¡Supera tus límites con MADTEST!

Solución al test n.º 19

1. a) La identificación, cuantificación, evaluación y prevención de los riesgos asociados al uso de medicamentos una vez comercializados.

2. c) Autoridades sanitarias, titulares de comercialización y profesionales sanitarios.

3. d) Publicidad de medicamentos en medios de comunicación.

4. c) Agencia Española de Medicamentos y Productos Sanitarios (AEMPS).

5. c) FEDRA (Farmacovigilancia Española, Datos de Reacciones Adversas).

6. a) NotificaRAM.

7. c) Notificar las sospechas de reacciones adversas graves o inesperadas.

8. c) Tarjeta amarilla.

9. b) Datos del paciente, medicamento sospechoso, reacción adversa y datos del notificador.

10. d) Agencia Española de Medicamentos y Productos Sanitarios (AEMPS).

11. c) Alertas de calidad, de seguridad y de comercialización de medicamentos ilegales.

12. c) Defecto o alteración del medicamento y medidas a adoptar.

13. c) Las reacciones adversas graves y las asociadas a medicamentos de reciente comercialización.

14. d) Valorar los efectos beneficiosos del medicamento en relación con sus riesgos.

15. c) Cualquier daño causado por el uso o falta de uso de un medicamento.

TEST N.º 20

Organización del almacén de farmacia. Recepción, almacenamiento, revisión y reposición de medicamentos, material de acondicionamiento, productos sanitarios, material sanitario y otro material utilizado en los servicios de farmacia. Sistemas de almacenaje. Control de existencias y caducidades. Procedimiento de devolución de productos caducados. Retirada de productos por alerta sanitaria. Aplicaciones informáticas de gestión y control de almacén

1. Entendemos como almacén:

a) El espacio de un laboratorio farmacéutico o de un distribuidor en el que se guardan los medicamentos producidos.
b) El lugar en el que los establecimientos de farmacia guardan los productos que han adquirido y que no tienen previsto vender de forma inmediata.
c) El conjunto de productos e instrumentos de un establecimiento de farmacia.
d) Todas son correctas.

2. El conjunto de artículos y materiales que posee un centro asistencial en espera de su utilización posterior en las diferentes secciones o unidades de la misma se denomina:

a) Artículos.
b) Almacenamiento.
c) Productos.
d) *Stock*.

3. Señala el enunciado correcto en relación con el funcionamiento del almacén sanitario:

a) Solicitar el reabastecimiento.
b) Recepción y registro de los materiales suministrados.

c) Rechazo del material que no satisfaga los requisitos del pedido.
d) Todos son enunciados correctos.

4. Las técnicas más comunes de recepción de pedidos son:

a) Abastecimiento a demanda y reposición.
b) Reposición diaria y masiva.
c) Reposición diaria y automática.
d) Registro y control.

5. Indica la respuesta correcta con relación a la reposición automática de los productos dispensados por el sistema de gestión de pedidos:

a) Coincide con el número máximo de unidades existentes.
b) Indica las existencias generales en almacén.
c) Propone órdenes de pedidos de los productos que han superado un límite mínimo de unidades establecidas previamente.
d) Informa sobre el margen de existencias utilizables.

6. Una vez emitida la orden de pedido, el proveedor prepara el suministro de los productos solicitados junto a la documentación correspondiente. El documento que acompaña a los productos entregados se denomina:

a) Factura.
b) Nota de abono.
c) Albarán.
d) Registro.

7. Señala qué dato no figura en un albarán:

a) Datos del proveedor.
b) Ficha de almacén.
c) Datos del cliente.
d) Fecha de envío.

8. El albarán es:

a) El documento por el que la Oficina de Farmacia solicita el suministro de determinados productos a un proveedor.
b) El documento que acompaña al pedido en el momento de su entrega al comprador.
c) Es un documento mercantil que recoge toda la información de una operación de compraventa.
d) Es un documento en el que se registran las devoluciones realizadas.

9. Son productos de reposición diaria aquellos que:

a) Quedan por debajo del *stock* mínimo o están predefinidos como artículos de reposición diaria.
b) Tienen un gran consumo todo el año.
c) Se dispensan en dosis unitarias.
d) Ninguna es correcta.

10. Señala cuál es un artículo de reposición diaria en un SFH:

a) Productos termolábiles.
b) Productos estupefacientes.
c) Vacunas individualizadas.
d) Todas son correctas.

11. Según el principio de Pareto, los productos de mayor valor económico se clasifican dentro del grupo:

a) A.
b) B.
c) C.
d) D.

12. Según la clasificación ABC para el control de inventarios, los artículos A suponen:

a) El 75 % del valor del inventario total y el 10 % de los artículos.
b) El 20 % del valor del inventario total y el 25 % de los artículos.
c) El 5 % del valor total y el 65 % de los artículos.
d) El 50 % del valor del inventario total y el 50 % de los artículos.

13. Señala el enunciado correcto en relación con el Método de Pareto:

a) Clasifica los *stocks* según el valor del producto.
b) Se denomina también método ABC.
c) Clasifica los *stocks* según el uso del producto.
d) Las respuestas a) y b) son correctas.

14. Según el método de Paretto, los artículos del Grupo C:

a) Son artículos de elevado coste, por lo que no pueden almacenarse en grandes cantidades.
b) Son artículos con poco valor relativo, y gran volumen.
c) Son artículos de pequeño valor y pequeño volumen.
d) Son artículos de pequeño valor y gran volumen.

15. ¿Cómo se denomina al material que se consume con el uso y en general tiene un periodo corto de vida?

a) Inventariable.
b) Perecedero.
c) Fungible.
d) Activo.

En MADTEST tienes **más preguntas de este tema**, y todos tus avances quedan registrados y se reflejan en el ranking.

¡Supera tus límites con MADTEST!

Solución al test n.º 20

1. d) Todas son correctas.

2. b) Almacenamiento.

3. d) Todos son enunciados correctos.

4. b) Reposición diaria y masiva.

5. c) Propone órdenes de pedidos de los productos que han superado un límite mínimo de unidades establecidas previamente.

6. c) Albarán.

7. b) Ficha de almacén.

8. b) El documento que acompaña al pedido en el momento de su entrega al comprador.

9. a) Quedan por debajo del stock mínimo o están predefinidos como artículos de reposición diaria.

10. d) Todas son correctas.

11. a) A.

12. a) El 75 % del valor del inventario total y el 10 % de los artículos.

13. d) Las respuestas a) y b) son correctas.

14. d) Son artículos de pequeño valor y gran volumen.

15. c) Fungible.

Acondicionamiento de los medicamentos: conceptos generales, material de acondicionamiento primario. Material de acondicionamiento secundario. Prospectos. Siglas y símbolos del acondicionamiento. Dispensación de medicamentos. La prescripción: tipos de prescripción, requisitos de la prescripción. Distribución de medicamentos. Sistemas de dispensación de medicamentos. Sistemas tradicionales. Sistemas automatizados. Sistemas de reposición de botiquines. Distribución de medicamentos en dosis unitarias. Medicamentos de uso restringido

1. El material de acondicionamiento (señala la incorrecta):

a) Es cualquier material autorizado debidamente que se emplea en el acondicionamiento de medicamentos.

b) Es cualquier material autorizado debidamente que se emplea en el acondicionamiento de medicamentos incluido el embalaje utilizado para su transporte.

c) Tiene como función la protección frente a agentes externos.

d) Es cualquier material autorizado debidamente que se emplea en el acondicionamiento de medicamentos, excluido el embalaje utilizado para envío.

2. Señala cuál no es un requisito del acondicionamiento primario:

a) Tener resistencia mecánica.

b) Asegurar la identidad, la estabilidad, la potencia y la calidad del preparado.

c) No interaccionar de ninguna forma con el medicamento, ni cediendo componentes ni modificando las características del mismo.

d) No se ha de producir ni absorción ni adsorción del preparado sobre el mismo.

3. El envase o cualquier forma de acondicionamiento que se encuentra en contacto directo con el medicamento se llama:

a) Acondicionamiento secundario.

b) Etiquetado.

c) Prospecto.

d) Acondicionamiento primario.

4. Un recipiente o envase que contiene cantidad suficiente de producto para dos o más dosis es denominado:

a) Recipiente unidosis.

b) Recipiente multidosis.

c) Vial.

d) Blíster.

5. Un blíster es:

a) Acondicionamiento primario.

b) Embalaje.

c) Acondicionamiento secundario.

d) Material protector.

6. Los recipientes de capacidad variable, elaborados con vidrio, cuyo cerrado se realiza con un tapón de material elastomérico y sellado por una cápsula de aluminio o aluminio plástico se denominan:

a) Ampollas.

b) Vial.

c) Blíster.

d) Jeringa precargadas.

7. ¿Cómo se denomina el recipiente de pequeño volumen, elaborado con vidrio, donde el cerrado se efectúa después del llenado mediante difusión?

a) Ampolla.

b) Vial.

c) Blíster.

d) Cartucho.

8. Los comprimidos, grageas o cápsulas se acondicionan en envases de tipo:

a) Lamina.

b) Sellado.

c) Blíster.

d) Sobre.

9. Respecto al vidrio utilizado en farmacia, señala cuál es una ventaja de utilización:

a) Inercia química.

b) No presenta migraciones.

c) Es totalmente reciclable.
d) Todas son correctas.

10. No es un inconveniente de utilizar el vidrio como acondicionamiento primario:

a) Gran fragilidad.
b) Es caro.
c) Elevada resistencia hidrolítica.
d) Se agrieta con facilidad.

11. Señala cuál No es un requisito que debe cumplir el vidrio:

a) Capacidad de aislar la preparación farmacéutica que contiene en su interior agentes externos como el aire, la humedad o las radiaciones luminosas.
b) Elevada resistencia hidrolítica en un amplio intervalo de temperatura.
c) Heterogéneo y con propiedades de fusión adecuadas que le permitan evitar roturas a causa de tensiones superficiales.
d) Elevada resistencia mecánica, para soportar pequeños golpes que pueda sufrir durante su manipulación.

12. Es una ventaja de la utilización del plástico:

a) Gran versatilidad, lo que permite transformarlos obteniendo gran variedad de recipientes.
b) Pueden ser muy flexibles o muy rígidos.
c) Bajo peso molecular.
d) Todas son correctas

13. ¿Qué inconveniente presenta el plástico como acondicionamiento primario?

a) Permeabilidad a gases y vapores que aumentan de manera directamente proporcional con la temperatura.
b) Presenta fenómenos de adsorción y adsorción de sustancias.
c) Cede sustancias propias con facilidad.
d) Todas son correctas.

14. ¿Qué material es termoplástico, blanquecino y de transparente a translúcido, y frecuentemente fabricado en finas láminas transparentes?

a) Polipropileno.
b) Polietileno.
c) Cloruro de polivinilo.
d) Poliestireno.

15. ¿Cómo se denomina al plástico muy duro y resistente, que es opaco y con gran resistencia al calor pues se ablanda a una temperatura más elevada de los 150 ºC?

a) Polipropileno.
b) Polietileno.
c) Cloruro de polivinilo.
d) Poliestirenol.

En MADTEST tienes **más preguntas de este tema**, y todos tus avances quedan registrados y se reflejan en el ranking.

¡Supera tus límites con MADTEST!

Solución al test n.º 21

1. b) Es cualquier material autorizado debidamente que se emplea en el acondicionamiento de medicamentos incluido el embalaje utilizado para su transporte.

2. a) Tener resistencia mecánica.

3. d) Acondicionamiento primario.

4. b) Recipiente multidosis.

5. a) Acondicionamiento primario.

6. b) Viales.

7. a) Ampolla.

8. c) Blíster.

9. d) Todas son correctas.

10. c) Elevada resistencia hidrolítica.

11. c) Heterogéneo y con propiedades de fusión adecuadas que le permitan evitar roturas a causa de tensiones superficiales.

12. d) Todas son correctas.

13. d) Todas son correctas.

14. b) Polietileno.

15. a) Polipropileno.

TEST N.º 22

Almacenamiento, control y archivo de los impresos y registros utilizados en la recepción, almacenamiento, conservación, custodia, dispensación y distribución de medicamentos, productos sanitarios y demás productos utilizados

1. ¿Qué cualificación por ley se le da a una oficina de farmacia (Ley 14/1986, Ley 16/1997 y Real Decreto Legislativo 1/2015)?

a) Son establecimientos sanitarios, públicos y de interés privado.
b) Son establecimientos no sanitarios, públicos y de interés privado.
c) Son establecimientos no sanitarios y de interés exclusivamente privado.
d) Son establecimientos sanitarios, privados y de interés público.

2. ¿Cuál es, en orden, la cadena funcional en una oficina de farmacia de los medicamentos y productos sanitarios existentes?

a) Custodia, adquisición, conservación y dispensación.
b) Adquisición, custodia, conservación, dispensación y eliminación.
c) Adquisición/recepción, custodia, conservación y dispensación.
d) Custodia, adquisición, dispensación y conservación.

3. ¿Dónde comienza la cadena funcional de los medicamentos y productos sanitarios existentes en una oficina de farmacia?

a) Custodia.
b) Recepción.
c) Dispensación o distribución.
d) Conservación.

4. ¿Qué documento de la oficina de farmacia se relaciona con la gestión de compraventa?

a) Documento de alerta sanitaria.
b) Tarjetas de detección de posibles reacciones adversas de los medicamentos no registradas.
c) Hojas de devolución.
d) Registro de elaboración de fórmulas magistrales.

5. ¿Qué documento de la oficina de farmacia se relaciona con la farmacovigilancia?

a) Libro de recetario.
b) Albarán.
c) Tarjetas de detección de posibles reacciones adversas de los medicamentos no registradas.
d) Hojas de devolución.

6. El libro de estupefacientes es un documento:

a) De farmacovigilancia.
b) De la gestión de compraventa.
c) De la dispensación.
d) Del control del local e instalaciones.

7. ¿Qué documento de la oficina de farmacia se relaciona con la dispensación?

a) Vademécum.
b) Factura.
c) Tarjetas de detección de posibles reacciones adversas de los medicamentos no registradas.
d) Hojas de devolución.

8. ¿Qué documentos de estos son los más mayoritarios en la oficina de farmacia relacionados con la dispensación?

a) Partes de movimientos.
b) Factura.
c) Libro de registro de fórmulas magistrales.
d) Recetas.

9. ¿Qué documento de la oficina de farmacia se relaciona con el control del local e instalaciones?

a) Documento de alerta sanitaria.
b) Registro de temperatura del local de la oficina de farmacia.
c) Nomenclátor de medicamentos.
d) Registro de elaboración de fórmulas magistrales.

10. ¿Qué documento interno de registro existe en la oficina de farmacia relacionado con la dispensación?

a) Libro de partes de movimientos.
b) Libro de recetarios.
c) Registro de fórmulas magistrales.
d) Libro de estupefacientes.

11. El acrónimo ECM relacionado con la dispensación se refiere a:

a) Enfermedad Crónica Miocárdica.
b) Especialidades Catalogadas de Medicamentos.
c) Medicamentos de Especial Control médico.
d) Nada de lo anterior es correcto.

12. ¿Qué documento se debe de firmar una vez llegue el pedido de medicamentos o productos farmacéuticos y se comprueba que son los que figuraban en el pedido?

a) Hoja de pedido.
b) Albarán.
c) Factura.
d) Hoja de entrada.

13. Cuando la oficina de farmacia o SFH necesita algún producto, se pone en contacto con sus proveedores a través de:

a) Una llamada telefónica.
b) Un *mail* mediante correo electrónico.
c) Una nota de pedido.
d) Un albarán.

14. ¿Qué condiciones de estas no figuran en el pedido de una oficina de farmacia?

a) Cantidad.
b) Plazos y lugar de entrega.
c) Precios y referencia.
d) Deben ir todas los anteriores reflejadas en pedido.

15. ¿Cuál es el documento que acompaña la entrega de una mercancía?

a) Albarán.
b) Nota de pedido.
c) Factura.
d) Hoja de pedido.

En MADTEST tienes **más preguntas de este tema**, y todos tus avances quedan registrados y se reflejan en el ranking.

¡Supera tus límites con MADTEST!

Solución al test n.º 22

1. d) Son establecimientos sanitarios, privados y de interés público.

2. c) Adquisición/recepción, custodia, conservación y dispensación.

3. b) Recepción.

4. c) Hojas de devolución.

5. c) Tarjetas de detección de posibles reacciones adversas de los medicamentos no registradas.

6. c) De la dispensación.

7. a) Vademécum.

8. d) Recetas.

9. b) Registro de temperatura del local de la oficina de farmacia.

10. c) Registro de fórmulas magistrales.

11. c) Medicamentos de Especial Control médico.

12. b) Albarán.

13. c) Una nota de pedido.

14. d) Deben ir todas los anteriores reflejadas en pedido.

15. a) Albarán.

Atención a pacientes externos. Patologías más frecuentes atendidos en esta unidad. Circuitos de dispensación y requisitos. Funciones del técnico

1. En el material de acondicionamiento de las especialidades de uso hospitalario debe figurar el símbolo:

a) UH.
b) H.
c) DH.
d) DSCH.

2. Según la enmienda introducida al RD 28/2012, se entiende por prestación farmacéutica ambulatoria:

a) La dispensación de las especialidades farmacéuticas en dosis unitarias para tratamientos extrahospitalarios.
b) La dispensación al paciente mediante receta médica u orden de dispensación hospitalaria a través de una oficina de farmacia.
c) Aquellas dispensadas al paciente solo con receta médica.
d) Los medicamentos que son administrados a pacientes ingresados.

3. La normativa por la que se regula el procedimiento de autorización, registro y condiciones de dispensación de los medicamentos de uso humano fabricados industrialmente es:

a) El RD 1345/2007.
b) Ley 5/2016.
c) Real Decreto 1024/2006.
d) La Circular 22/91.

4. El paciente ambulatorio:

a) Requiere cuidados hospitalarios.
b) Requiere hospitalización.

c) No requiere cuidados hospitalarios.

d) No requiere medicación.

5. En la UPE se dispensará la medicación al paciente EXCEPTO cuando:

a) Acuda otra persona con la documentación requerida.

b) La medicación aparezca en la prescripción médica con la dosis, vía de administración y duración del tratamiento.

c) No aparezca en la prescripción médica la fecha de la próxima visita.

d) Aparezca el nombre y la firma del médico en la prescripción.

6. Según la circular 22/91 enviada por la Dirección General de Farmacia y Productos Sanitarios, se prohíbe expresamente:

a) La dispensación de fórmulas magistrales.

b) El suministro de especialidades de uso hospitalario de las oficinas de farmacia a los hospitales.

c) La dispensación de especialidades de uso hospitalario en las oficinas de farmacia.

d) La dispensación de medicamentos desde la Farmacia Hospitalaria para tratamientos extrahospitalarios.

7. La ley vigente considera medicamentos de uso hospitalario a aquellas especialidades farmacéuticas que:

a) Por las condiciones especiales requeridas para su aplicación necesitan manipulaciones restringidas.

b) Son de uso humano fabricados industrialmente.

c) Se suministran en los hospitales y se dispensan al público en oficinas de farmacia.

d) Por sus características, indicación, condición y controles especiales se prescriben, dispensan y administran bajo la responsabilidad de un hospital.

En MADTEST tienes **más preguntas de este tema**, y todos tus avances quedan registrados y se reflejan en el ranking.

¡Supera tus límites con MADTEST!

Solución al test n.º 23

1. b) H.

2. b) La dispensación al paciente mediante receta médica u orden de dispensación hospitalaria a través de una oficina de farmacia.

3. a) El RD 1345/2007.

4. a) Requiere cuidados hospitalarios.

5. c) No aparezca en la prescripción médica la fecha de la próxima visita.

6. c) La dispensación de especialidades de uso hospitalario en las oficinas de farmacia.

7. d) Por sus características, indicación, condición y controles especiales se prescriben, dispensan y administran bajo la responsabilidad de un hospital.

TEST N.º 24

Educación para la salud: concepto de salud y enfermedad. Prevención de la enfermedad. Programas de prevención de la salud: conceptos, objetivos generales, planificación de las etapas del programa. Estrategias y tecnología educativa. Promoción de la salud en la farmacia. Educación sanitaria. Higiene: higiene personal, higiene de la alimentación, higiene mental, higiene sexual. Infección y profilaxis: concepto, mecanismo de defensa ante las infecciones, enfermedad infecciosa, profilaxis y terapéutica

1. ¿Quién definió la salud como «el estado óptimo de un individuo que le permite llevar a cabo sus funciones de forma eficaz»?

a) Dubos.
b) Murray.
c) Zentner.
d) Parsons.

2. Cuando a lo largo de la historia se ha considerado que la salud está influenciada por las condiciones del medio en el que se habita, se habla de una concepción:

a) Mágico-religiosa.
b) Miasmática.
c) Bacteriológica.
d) Multicausal y ecológica.

3. La definición «La Salud es una aptitud óptima para la vida llena, fructífera y creativa» fue pensada por:

a) La OMS.
b) Perpiñan.
c) Hoysman.
d) Sigerid.

4. El nuevo concepto de salud plantea un enfoque:

a) Estático-ecológico.
b) Dinámico-ecológico.

c) Estático-biológico.
d) Bioestático.

5. ¿Cuál de los siguientes son factores determinantes de la aparición de enfermedades?

a) Los hábitos (estilo de vida).
b) Genética.
c) Los sistemas de Salud.
d) Todos.

6. ¿En qué grupo de factores determinantes de la salud se incluye un virus?

a) Medio ambiente.
b) Estilo de vida.
c) Biología humana.
d) Sistema sanitario.

7. Las radiaciones ionizantes como factor de riesgo que influye a las personas a través del medio ambiente es un agente:

a) Biológico.
b) Físico.
c) Químico.
d) Psicocultural.

8. ¿Cuál de los factores determinantes de la Salud debe ser abordado desde la educación para la salud?

a) Biología humana.
b) Medio ambiente.
c) Los estilos de vida.
d) La Atención Primaria de Salud.

9. ¿Cuál es el factor condicionante que incide en mayor medida sobre el estado de Salud?

a) Medio ambiente.
b) Estilo de vida.
c) Biología humana.
d) Sistema sanitario.

10. La genética es un factor determinante de la salud englobada dentro de:

a) El medio ambiente.
b) Los estilos de vida.
c) La biología humana.
d) Los Sistemas Sanitarios.

11. Dentro del factor «estilo de vida», no incluiríamos:

a) Consumo de drogas.
b) Envejecimiento.
c) Hábitos higiénicos.
d) Preferencias alimentarias.

12. Al conjunto de signos y síntomas de una enfermedad se le conoce con el nombre de:

a) Etiología.
b) Síndrome.
c) Semiología.
d) Patocronia.

13. El dolor es:

a) Un signo.
b) Un síntoma.
c) Un síndrome.
d) Una patología.

14. Es cierto que:

a) Un signo es una manifestación subjetiva y por tanto difícil de cuantificar.
b) Un síntoma es una manifestación objetiva y mensurable de enfermedad.
c) Un síndrome es un conjunto de signos y síntomas que caracterizan y definen a una determinada enfermedad.
d) La enfermedad es una alteración del estado y/o funcionamiento que se manifiesta sólo por signos.

15. Cuando clasificamos la enfermedad por su duración hablamos de:

a) Enfermedad aguda.
b) Enfermedad hereditaria.
c) Enfermedad crónica.
d) Las respuestas a) y c) son correctas.

En MADTEST tienes **más preguntas de este tema**, y todos tus avances quedan registrados y se reflejan en el ranking.

¡Supera tus límites con MADTEST!

Solución al test n.º 24

1. d) Parsons.

2. d) Multicausal y ecológica.

3. c) Hoysman.

4. b) Dinámico-ecológico.

5. d) Todos.

6. a) Medio ambiente.

7. b) Físico.

8. c) Los estilos de vida.

9. b) Estilo de vida.

10. c) La biología humana.

11. b) Envejecimiento.

12. b) Síndrome.

13. b) Un síntoma.

14. c) Un síndrome es un conjunto de signos y síntomas que caracterizan y definen a una determinada enfermedad.

15. d) Las respuestas a) y c) son correctas.

Laboratorio de farmacotecnia: conceptos generales y características de los locales de laboratorio. Utillaje mínimo en el laboratorio galénico. Material de uso frecuente. Equipos delaboratorio. Puesta a punto y mantenimiento de los equipamientos y de los materiales. Procedimientos de limpieza, desinfección, conservación y esterilización del material y equipos. Control de calidad de material y equipos. Funciones del técnico de farmacia en el laboratorio

1. Toda persona física o jurídica que se dedique a la fabricación de especialidades farmacéuticas o cualquiera de los procesos se define como:

a) Distribuidor farmacéutico.
b) Laboratorio farmacéutico.
c) Farmacéutico.
d) Almacén farmacéutico.

2. ¿Qué legislación dispone cuáles son los requisitos que debe cumplir un solicitante para conseguir la autorización del laboratorio farmacéutico?

a) Decreto 150/2005, de 9 de marzo.
b) Real Decreto Legislativo 1/2015, de 24 de julio.
c) Real Decreto 175/2001, de 23 de febrero.
d) Ley 75/1997, de 15 de agosto.

3. Uno de los siguientes es un requisito que debe cumplir un solicitante para conseguir la autorización del laboratorio farmacéutico:

a) Detallar las formas farmacéuticas que pretenda fabricar, así como el lugar, establecimiento o laboratorio de fabricación y control.
b) Disponer de locales, equipo técnico y de controles adecuados y suficientes para una correcta fabricación, control y conservación que responda a las exigencias legales.
c) Disponer de un Director Técnico.
d) Todas son correctas.

4. El laboratorio galénico consta de:

a) Superficie lisa e impermeable, de fácil limpieza y desinfección.
b) Pila de agua potable, caliente y fría.
c) Zona diferenciada de material sucio y limpio.
d) Consta de todo lo anterior.

5. En todo laboratorio galénico es recomendable disponer de un utillaje mínimo. Señala la respuesta falsa:

a) Aparatos de medida de volumen de 0,5 a 500 ml.
b) Morteros de vidrio y porcelana.
c) Balanzas que determinen el peso de 1 g a 1 kg.
d) Sistemas de baño maría.

6. En el caso de que el laboratorio galénico elabore cápsulas dispondrá de:

a) Mezcladora.
b) Máquina de comprimir.
c) Capsuladora.
d) Todo lo anterior es correcto.

7. Si se preparan comprimidos y grageas será obligatorio poseer:

a) Bomba de grageado.
b) Mezcladora.
c) Material para su adecuado control de calidad.
d) Todo lo anterior.

8. Si el laboratorio galénico elabora preparados estériles como colirio o inyectables, no deberá disponer de:

a) Mezcladora.
b) Agua apirógena para inyección.
c) Autoclave.
d) Dardo calorífico para cerrar ampollas y pinza capsuladora para cerrar viales.

9. ¿Qué requisitos debe cumplir el material de vidrio del laboratorio?

a) Ser resistente mecánicamente frente a los ácidos y álcalis.
b) Ser resistente térmicamente.
c) Ser fabricados con vidrio carbonatado.
d) Todas son correctas.

10. El material de plástico del laboratorio presenta como principal característica:

a) Ser inerte y resistente a la temperatura.
b) Ser material de soporte.

c) Ser económico y desechable.
d) Ser resistente a elevadas temperaturas y resistente químicamente.

11. Señala qué precaución NO tomarás a la hora de trabajar con vidrio en el laboratorio:

a) No someterlo a cambios bruscos de temperatura.
b) No someterlo a cambios bruscos de presión.
c) No dejar soluciones concentradas de ácidos en vidrio de borosilicato.
d) No aplicar fuerza sobre tapones.

12. ¿Qué material de los citados a continuación utilizará el técnico/a para filtraciones al vacío con bomba de succión?

a) Bureta.
b) Matraz aforado.
c) Matraz Kitasato.
d) Vaso de precipitado.

13. Son ventajas del material de plástico frente al vidrio:

a) Alto peso molecular.
b) Resistencia frente a la rotura.
c) Que todos son termorresistentes.
d) Que son termosensibles.

14. Señala cuál es una ventaja del plástico frente al vidrio:

a) Que es más caro.
b) Que previene de contaminaciones cruzadas.
c) Que no resiste a las altas temperaturas.
d) Que presenta interacción con los compuestos químicos.

15. Señala qué desventaja posee el plástico frente al vidrio:

a) No soporta temperaturas altas sin deformarse.
b) Presenta mucha absorción y desorción.
c) Presenta interacción con los compuestos químicos.
d) Todas son desventajas.

En MADTEST tienes **más preguntas de este tema**, y todos tus avances quedan registrados y se reflejan en el ranking.

¡Supera tus límites con MADTEST!

Solución al test n.º 25

1. b) Laboratorio farmacéutico.

2. b) Real Decreto Legislativo 1/2015, de 24 de julio.

3. d) Todas son correctas.

4. d) Consta de todo lo anterior.

5. c) Balanzas que determinen el peso de 1 g a 1 kg.

6. c) Capsuladora.

7. d) Todo lo anterior.

8. a) Mezcladora.

9. b) Ser estables térmicamente.

10. c) Ser económico y desechable.

11. c) No dejar soluciones concentradas de ácidos en vidrio de borosilicato.

12. c) Matraz Kitasato.

13. b) Resistencia frente a la rotura.

14. b) Que previene de contaminaciones cruzadas.

15. d) Todas son desventajas.

Operaciones farmacéuticas básicas: conceptos generales. Pesada con balanzas electrónicas de precisión. Medición de líquidos. División de sólidos. Tamizado. Homogeneización de componentes. Extracción mediante disolventes. Destilación. Evaporación. Pulverización. Tamización. Mezcla. Desecación. Liofilización. Filtración. Granulación. Esterilización. Sistemas dispersos homogéneos: disoluciones. Sistemas dispersos heterogéneos: emulsiones, suspensiones y aerosoles. Conceptos físico-químicos básicos y aplicación en el laboratorio de farmacia. Magnitudes y unidades de medidas: masa, tiempo, temperatura, volumen, presión, densidad, concentración, osmolaridad, viscosidad y ph

1. ¿Cómo se denomina el proceso por el cual un líquido es transformado en vapor mediante variaciones de temperatura y/o presión?

a) Destilación.
b) Pulverización.
c) Evaporación.
d) Extracción.

2. Una de las siguientes no es una operación de naturaleza física:

a) Secado.
b) Fusión.
c) Filtración.
d) Solidificación.

3. La destilación es el proceso por el cual:

a) Se transforma un líquido en vapor para después condensar este y recoger la forma líquida.
b) Es simplemente el paso de líquido a vapor.

c) Es simplemente el paso de sólido a líquido.

d) Ninguna es cierta.

4. Para que un agua destilada no pierda sus propiedades organolépticas, las plantas se conservarán en:

a) Frasco de tapón esmerilado.

b) Frasco estéril.

c) Se colocará en sitio fresco y oscuro.

d) Todas son correctas.

5. Las aguas que emergen espontáneamente, y son útiles en el lugar donde emergen y conservan sus efectos después de ser envasadas se denominan:

a) Aguas bicarbonatadas.

b) Agua mineromedicinales.

c) Aguas minerales naturales.

d) Aguas de manantial.

6. El procedimiento más rápido, cómodo y limpio para separar un sólido en suspensión con un líquido es:

a) Decantación.

b) Filtración.

c) Centrifugación.

d) Ninguna de las anteriores.

7. ¿Cómo se denomina la operación que consiste en reducir a vapor una sustancia sólida, para después recoger estos vapores y volverlos a transformar en sustancia sólida de manera directa, es decir, sin pasar por el estado líquido?

a) Liofilización.

b) Fusión.

c) Sublimación.

d) Destilación.

8. ¿Qué operación previa realizaremos en la oficina de farmacia para eliminar la mayor parte de agua que existe en la sustancia medicamentosa?

a) Sublimación.

b) Mondación.

c) Desecación.

d) Liofilización.

9. Un emulgente anfótero:

a) Tiene carga negativa.
b) Tiene carga positiva.
c) Su carga depende del pH.
d) No presenta carga.

10. Un emulgente no iónico:

a) Tiene carga negativa.
b) Tiene carga positiva.
c) Su carga depende del pH.
d) No presenta carga.

11. Dentro de las operaciones de naturaleza física que se realizan en la preparación de las formas farmacéuticas no encontramos:

a) Evaporación.
b) Separación.
c) Destilación.
d) Fusión.

12. ¿Qué operación aplicada en farmacia sirve para separar de una solución la sustancia disuelta, o bien concentrar una solución eliminando parte de su disolvente?

a) Extracción.
b) Destilación.
c) Evaporación.
d) Diálisis.

13. Son sistemas de secado utilizados en la preparación de las formas farmacéuticas:

a) Secadores al aire libre.
b) Armarios o estufas de desecación.
c) Túneles de desecado.
d) Todos son sistemas de secado utilizados.

14. La destilación es una operación:

a) Que consiste en calentar un producto hasta que su tensión de vapor sobrepasa la presión atmosférica, con lo cual el líquido hervirá y los vapores se conducirán a un recinto de paredes frías para condensarse.
b) Es una técnica de separación de mezclas de líquidos.

c) Es una técnica de separación de líquidos con impurezas, para obtener líquidos de alto grado de pureza.

d) Todas son correctas.

15. Los aparatos destinados a destilar un líquido se denominan:

a) Sifones.
b) Alambiques.
c) Tamices.
d) Condensadores.

En MADTEST tienes **más preguntas de este tema**, y todos tus avances quedan registrados y se reflejan en el ranking.

¡Supera tus límites con MADTEST!

Solución al test n.º 26

1. c) Evaporación.

2. c) Filtración.

3. a) Se transforma un líquido en vapor para después condensar este y recoger la forma líquida.

4. d) Todas son correctas.

5. b) Agua mineromedicinales.

6. c) Centrifugación.

7. c) Sublimación.

8. c) Desecación.

9. c) Su carga depende del pH.

10. d) No presenta carga.

11. b) Separación.

12. c) Evaporación.

13. d) Todos son sistemas de secado utilizados.

14. d) Todas son correctas.

15. b) Alambiques.

Fórmulas magistrales y preparados oficinales: conceptos generales. Normas de correcta elaboración y control de la calidad. Fundamentos básicos en la elaboración de medicamentos: principio activo, materia prima, excipiente, forma farmacéutica. Formulario nacional. Materias primas. Excipientes de uso más frecuente en farmacia galénica. Ensayos para el reconocimiento y control de calidad de materias primas. Aplicación de técnicas para la elaboración de productos farmacéuticos, fórmulas magistrales, preparadas oficinales. Procedimientos normalizados de trabajo. Ensayos y control de calidad de fórmulas magistrales y preparados oficinales. Envases para formas farmacéuticas: tipos, usos y simbología. Envasado y etiquetado. Conservación y caducidad de las fórmulas magistrales. Identificación y registro de fórmulas magistrales y preparados oficinales. Abreviaturas utilizadas en formulación magistral. Reenvasado de medicación. Procedimiento. Tipos de reenvasado: reenvasadora de sólidos, líquidos. Características del reenvasado

1. ¿Qué normativa regula la creación de la Agencia estatal "Agencia Española de Medicamentos y Productos Sanitarios" y se aprueba su Estatuto?

a) Real Decreto 294/1995.
b) Real Decreto Legislativo 1/2015.
c) Real Decreto 1689/2007.
d) Real Decreto 824/2010.

2. ¿Qué se regula en el Estatuto de la Agencia Española de Medicamentos y Productos Sanitarios?

a) La receta médica, el Formulario Nacional (FN) y los órganos consultivos del Ministerio de Sanidad y Consumo (MSC) en esta materia.
b) Los laboratorios farmacéuticos o galénicos, el Formulario Nacional (FN) y los órganos consultivos del Ministerio de Sanidad y Consumo (MSC) en esta materia.

c) La Real Farmacopea Española (RFE), el Formulario Nacional (FN) y los órganos consultivos del Ministerio de Sanidad y Consumo (MSC) en esta materia.

d) La receta médica, los laboratorios farmacéuticos o galénicos y los órganos consultivos del Ministerio de Sanidad y Consumo (MSC) en esta materia.

3. ¿Qué útil administrativo y legal, contendrá las fórmulas magistrales tipificadas (FMT) y lo preparados oficinales (PO) reconocidos como medicamentos?

a) El libro de registro de fórmulas magistrales y el libro de registro de preparados oficinales.
b) El libro recetario.
c) El Formulario Nacional (FN).
d) El libro de la Real Farmacopea Española.

4. ¿Cuál es el código de referencia para todos los ámbitos relacionados con el medicamento?

a) El libro de registro de fórmulas magistrales, de medicamentos estupefacientes y de preparados oficinales.
b) El libro recetario.
c) El Formulario Nacional (FN).
d) La Real Farmacopea Española.

5. ¿Cuál es la edición actual de la Real Farmacopea Española?

a) 3ª edición.
b) 4ª edición.
c) 5ª edición.
d) 6ª edición.

6. ¿Cuál es la edición más actual del Formulario Nacional?

a) 2010.
b) 2012.
c) 2015.
d) 2018.

7. ¿Cuál de estas sustancias no se considera medicamento?

a) Los medicamentos de uso veterinario.
b) Las fórmulas magistrales.
c) Los preparados oficinales.
d) Todos los anteriores son considerados medicamentos.

8. ¿Qué artículos (Real Decreto Legislativo 1/2015) recogen los requisitos que deben de cumplir las fórmulas magistrales y los preparados oficinales?

a) 12 y 13.
b) 21 y 22.
c) 35 y 36.
d) 42 y 43.

9. ¿Qué atributo no pertenece a la fórmula magistral?

a) Preparado por un farmacéutico, o bajo su dirección, para cumplimentar expresamente una prescripción facultativa detallada de los principios activos que incluye.
b) Medicamento destinado a un paciente no individualizado, sino a otros de un colectivo patológico.
c) Dispensado en oficina de farmacia o servicio farmacéutico.
d) Dispensado con la debida información al usuario.

10. ¿Qué medicamento es aquel producido según las normas de correcta elaboración y control de calidad establecidas al efecto y garantizado por un farmacéutico o bajo su dirección, dispensado en oficina de farmacia o servicio farmacéutico, enumerado y descrito por el Formulario Nacional, destinado a su entrega directa a los enfermos a los que abastece dicha farmacia o servicio farmacéutico?

a) Preparado cosmético.
b) Medicamento veterinario.
c) Preparadoo.
d) Fórmula magistral.

11. ¿Qué afirmación es incorrecta respecto a las fórmulas magistrales?

a) No obstante, las oficinas de farmacia y servicios farmacéuticos que no dispongan de los medios necesarios, podrán encomendar a una entidad de las previstas en esta Ley, autorizada por la Administración sanitaria competente, la realización de una o varias fases de la elaboración y/o control de fórmulas magistrales.
b) Las fórmulas magistrales irán acompañadas del nombre del farmacéutico que las prepare y de la información suficiente que garantice su correcta identificación.
c) No existen fórmulas magistrales de uso veterinario.
d) Las fórmulas magistrales serán preparadas con sustancias de acción e indicación reconocidas legalmente en España.

12. ¿Qué está prohibido respecto a las fórmulas magistrales y preparados oficinales?

a) Su venta.
b) Su uso veterinario.

c) Su elaboración en oficina de farmacia.
d) Su publicidad.

13. ¿Qué normativa establece las normas de correcta elaboración y control de calidad de fórmulas magistrales y preparados oficinales?

a) Real Decreto 294/1995.
b) Real Decreto Legislativo 1/2015.
c) Real Decreto 1689/2007.
d) Real Decreto 175/2001.

14. ¿Cuál es la fórmula magistral recogida en el Formulario Nacional, por razón de su frecuente uso y utilidad? Fórmula magistral...

a) Común.
b) Reconocida.
c) Tipificada.
d) Útil.

15. ¿Cuál es el producto que ha pasado todas las fases de preparación excepto el acondicionamiento final?

a) Producto inacabado.
b) Materia prima.
c) Producto a granel.
d) Producto final.

En MADTEST tienes **más preguntas de este tema**, y todos tus avances quedan registrados y se reflejan en el ranking.

¡Supera tus límites con MADTEST!

Solución al test n.º 27

1. a) Real Decreto 294/1995.

2. c) La Real Farmacopea Española (RFE), el Formulario Nacional (FN) y los órganos consultivos del Ministerio de Sanidad y Consumo (MSC) en esta materia.

3. c) El Formulario Nacional (FN).

4. d) La Real Farmacopea Española.

5. c) 5ª edición.

6. c) 2015.

7. d) Todos los anteriores son considerados medicamentos.

8. d) 42 y 43.

9. b) Medicamento destinado a un paciente no individualizado, sino a otros de un colectivo patológico.

10. c) Preparadoo.

11. c) No existen fórmulas magistrales de uso veterinario.

12. d) Su publicidad.

13. d) Real Decreto 175/2001.

14. c) Tipificada.

15. c) Producto a granel.

TEST N.º 28

Sala blanca. Estructura, concepto y funcionamiento de una sala blanca. Campanas de flujo laminar. Tipos. Funciones del técnico de farmacia. Limpieza y desinfección de las campanas. Mantenimiento de las campanas. Preparación de medicamentos en cabinas de flujo laminar horizontal y vertical

1. Respecto a las salas blancas señala lo correcto:

a) El personal trabaja en condiciones de asepsia y bajo la supervisión del farmacéutico.
b) Estas salas se limpian varias veces al día con productos desinfectantes.
c) Es obligatorio el uso de EPi y estos equipos no deben salir de las salas asépticas.
d) Todas son correctas.

2. En las salas blancas según la norma UNE-En ISO 146644-1, es un local en el que se controla la concentración de partículas contenidas en el aire y que además su construcción y utilización se realiza de forma que el número de partículas introducidas o generadas y existentes en el interior del local sea lo menor posible y en la que además se puedan controlar otros parámetros. Señala qué otros parámetros se deben controlar:

a) Temperatura.
b) Humedad.
c) Presión.
d) Todo lo anterior se debe controlar.

3. Las salas blancas se clasifican:

a) Por el grado de pureza del aire exterior y por el flujo del aire de las partículas.
b) Por el grado de pureza del aire interior y por el número de partículas del aire.
c) Por el grado de pureza del aire interior y por el flujo del aire.
d) Por el grado de pureza de los materiales de filtro.

4. Señala el enunciado incorrecto en relación con las salas blancas:

a) Las salas blancas están clasificadas por diferentes organismos y estándares internacionales según el número de partículas medido y la dimensión de estas partículas.

b) Las salas blancas, por el tipo de flujo, pueden ser de flujo multidireccional y unidireccional.

c) Según el flujo multidireccional el movimiento del aire es laminar.

d) El rendimiento de estas salas está ensayado según la normativa ISO 14644-1 que determina la categoría de limpieza aunque se aplica también la norma americana US Federal Standard 209E.

5. Un Speakers es:

a) Una sala blanca.

b) Una cabina de seguridad.

c) Un intercomunicador.

d) Una salida de emergencia.

6. ¿Cuál es un aspecto importante en el diseño de las salas blancas?

a) La ubicación de las salas de preparación donde serán colocadas las cabinas de flujo.

b) El personal de mantenimiento.

c) Los documentos de trabajo a realizar.

d) La distribución del espacio.

7. Las salas blancas:

a) Son áreas aisladas del ambiente exterior.

b) Son áreas que requieren una interacción continua con el exterior.

c) Requieren de procesos interno e interacciones entre áreas distintas en los que debe evitarse la contaminación cruzada.

d) Todas son correctas.

8. En el ámbito de las salas blancas, entendemos por "SAS":

a) Las puertas de emergencias.

b) Las salas blancas.

c) Las esclusas.

d) Las zonas intermedias.

9. Respecto a las recomendaciones de trabajo en las salas blancas se encuentra:

a) Se utilizan las esclusas para el intercambio de productos entre el exterior y el interior de las cabinas.

b) La puerta del recinto permanecerá cerrada para evitar corrientes de aire.

c) No pueden estar presentes muchas personas, no se recomienda la presencia de más de dos manipuladores.

d) Todas son ciertas.

10. Una situación en reposo de la sala blanca es aquella:

a) En que la instalación está funcionando sin el personal.

b) La instalación no está funcionando pero el personal sí está en la sala.

c) La instalación está completa con el equipo de producción instalada y en funcionamiento pero sin estar presente el personal.

d) La sala, ni está en funcionamiento ni tiene personal.

11. Una situación en funcionamiento de la sala blanca es aquella:

a) En que la instalación está funcionando de la forma definida de trabajo con el número de personas definidas trabajando.

b) En que la instalación no está funcionando de la forma definida de trabajo con el número de personas definidas trabajando.

c) En que la instalación no está funcionando ni presenta personal.

d) Ninguna es correcta.

12. Respecto a las salas blancas:

a) Las salas blancas deben garantizar la exclusión microbiana, la exclusión de partículas y la exclusión de cualquier contaminación cruzada.

b) Por el tipo de flujo de aire, las salas blancas se agrupan en flujo horizontal y vertical.

c) La sala blanca es "un local en el que no se controla la concentración de partículas contenidas en el aire, pero se controla el flujo de aire".

d) Las salas blancas están provistas de esclusas de entradas y salidas únicamente para el personal que trabaja dentro de estas instalaciones.

13. Por el grado de pureza del aire interior, las salas blancas se clasifican en:

a) Tipos I, II y III.

b) Grados A, B y C.

c) Grados A, B, C y D.

d) Tipos I, II, III y IV.

14. Selecciona la respuesta incorrecta en relación con las salas blancas:

a) Las salas blancas son salas especiales en las que se trabaja con cabinas de flujo laminar, aunque no es necesario mantener condiciones de esterilidad.

b) Se ubican en un lugar aislado del servicio para evitar pasar cercar si no hay necesidad.

c) Poseen dos puertas, una de seguridad previa, zonas intermedia y otra interna, que da acceso a la zona de esterilidad.

d) En las salas blancas el personal trabaja bajo la supervisión del farmacéutico.

15. Las cabinas de seguridad de clase I presentan un inconveniente; señala cuál:

a) Que protegen al personal y al ambiente.

b) Que se usan para el manejo de citostáticos y otros productos peligrosos.

c) No proporcionan protección al material con el que se trabaja.

d) Se usan específicamente para aislar equipos como centrifugadoras y equipos de cultivo.

En MADTEST tienes **más preguntas de este tema**, y todos tus avances quedan registrados y se reflejan en el ranking.

¡Supera tus límites con MADTEST!

Solución al test n.º 28

1. d) Todas son correctas.

2. d) Todo lo anterior se debe controlar.

3. c) Por el grado de pureza del aire interior y por el flujo del aire.

4. c) Según el flujo multidireccional el movimiento del aire es laminar.

5. c) Un intercomunicador.

6. a) La ubicación de las salas de preparación donde serán colocadas las cabinas de flujo.

7. d) Todas son correctas.

8. c) Las esclusas.

9. d) Todas son ciertas.

10. c) La instalación está completa con el equipo de producción instalada y en funcionamiento pero sin estar presente el personal.

11. a) En que la instalación está funcionando de la forma definida de trabajo con el número de personas definidas trabajando.

12. a) Las salas blancas deben garantizar la exclusión microbiana, la exclusión de partículas y la exclusión de cualquier contaminación cruzada.

13. c) Grados A, B, C y D.

14. a) Las salas blancas son salas especiales en las que se trabaja con cabinas de flujo laminar, aunque no es necesario mantener condiciones de esterilidad .

15. c) No proporcionan protección al material con el que se trabaja.

TEST N.º 29

Nutrición artificial. Tipos. Técnicas de elaboración nutrición parenteral. Componentes de la nutrición parenteral. Material para la elaboración. Condiciones de conservación. Nutrición enteral. Funciones de técnico en la nutrición artificial

1. La nutrición artificial comprende:

a) La nutrición enteral.
b) La nutrición parenteral.
c) La nutrición mixta.
d) Todas son correctas.

2. Las guías de las sociedades más importantes coindicen en que deben recibir soporte nutricional especializado:

a) Los pacientes que no consumen > 60 % de sus requerimientos.
b) Durante 7-14 días los pacientes en desnutrición previa.
c) Durante 21 días en pacientes con situación crítica.
d) Será de elección la NP porque tiene menos complicaciones.

3. Al aporte de nutrientes mediante infusión en vía venosa a través de catéteres específicos para cubrir los requerimientos metabólicos y del crecimiento se denomina:

a) Nutrición parenteral.
b) Nutrición oral.
c) Nutrición enteral.
d) Nutrición normal.

4. La nutrición parenteral:

a) Está indicada para prevenir o corregir los efectos adversos de la desnutrición en pacientes que no son capaces de obtener aportes suficientes por vía oral o enteral.
b) Está indicada en aquellos pacientes que tengan una función intestinal adecuada.
c) Se puede administrar mediante catéter o sonda.
d) Todas son correctas.

5. El aporte de nutrientes por vía parenteral presenta una serie de características:

a) Aporta nutrientes directamente al torrente sanguíneo, sin el proceso digestivo pero con filtro hepático.
b) Se utiliza en pacientes con alteración de los mecanismos de regulación del medio interno.
c) No suele producir infecciones.
d) Ninguna es correcta.

6. La nutrición parenteral está indicada en:

a) Pancreatitis aguda grave.
b) Uveítis.
c) Bronquiolitis.
d) Fractura de cadera.

7. La elección de la vía central o periférica para la administración de la NP, ¿de qué depende?

a) De la duración prevista.
b) De los accesos venosos disponibles.
c) De la experiencia de cada centro.
d) Todas son correctas.

8. Cuando la osmolaridad de la mezcla es superior a los 900 mOsm/l habrá que infundir la nutrición parenteral en:

a) Una vía central (subclavia).
b) Una vía periférica.
c) Una extremidad.
d) Ninguna de las respuestas anteriores es correcta.

9. Los catéteres tunelizados tipo Hickman o Broviac o implantados se utilizan en:

a) Cuando se prevé que la duración de la nutrición a través de vía enteral sea superior a dos meses.
b) Cuando se prevé que la duración de la nutrición a través de vía parenteral sea superior a dos meses.
c) Cuando se prevé que la duración de la nutrición a través de vía parenteral sea inferior a dos meses.
d) Cuando se prevé que la duración de la nutrición a través de vía enteral sea inferior a dos meses.

10. ¿Qué tipo de vía se utiliza en la nutrición parenteral con concentraciones de baja osmolaridad?

a) Vía periférica.
b) Vía central.

c) Vía nasofaríngea.
d) Ninguna es correcta.

11. La nutrición parenteral central puede ser:

a) Continua.
b) Discontinua.
c) Cíclica.
d) Todas son correctas.

12. Entre las complicaciones mecánicas del catéter de la nutrición parenteral destaca:

a) Oclusión del catéter.
b) Neumotórax.
c) Embolia gaseosa.
d) Todas son correctas.

13. La fórmula de nutrición parenteral debe contener:

a) Solo vitaminas hidrosolubles.
b) Oligoelementos en función de la patología del paciente.
c) Hidrocarburos y lípidos que en el caso de prematuros serán: 30 – 40 kcal/kg de peso/día.
d) Aminoácidos que en el caso de recién nacidos serán: 1-1,5 g/kg de peso/día.

14. La fórmula de nutrición parenteral periférica proporciona al organismo:

a) Entre 900 y 1500 kcal.
b) Entre 900 y 1000 kcal.
c) Entre 700 y 1000 kcal.
d) Entre 600 y 1500 kcal.

15. La Nutrición parenteral periférica está indicada cuando:

a) La administración oral/enteral es imposible.
b) Está contraindicada una vía central.
c) Se usa como complementaria a la nutrición enteral.
d) Todas las respuestas anteriores son correctas.

En MADTEST tienes **más preguntas de este tema**, y todos tus avances quedan registrados y se reflejan en el ranking.

¡Supera tus límites con MADTEST!

Solución al test n.º 29

1. d) Todas son correctas.

2. a) Los pacientes que no consumen > 60 % de sus requerimientos.

3. a) Nutrición parenteral.

4. a) Está indicada para prevenir o corregir los efectos adversos de la desnutrición en pacientes que no son capaces de obtener aportes suficientes por vía oral o enteral.

5. b) Se utiliza en pacientes con alteración de los mecanismos de regulación del medio interno.

6. a) Pancreatitis aguda grave.

7. d) Todas son correctas.

8. a) Una vía central (subclavia).

9. b) Cuando se prevé que la duración de la nutrición a través de vía parenteral sea superior a dos meses.

10. a) Vía periférica.

11. d) Todas son correctas.

12. d) Todas son correctas.

13. b) Oligoelementos en función de la patología del paciente.

14. a) Entre 900 y 1500 kcal.

15. d) Todas las respuestas anteriores son correctas.

Medicamentos peligrosos: definición, tipos y características. Manejo, transporte y manipulación. Características de la zona de preparación de medicamentos peligrosos. Equipos de protección personal. Sistemas cerrados de transferencia de medicamentos. Manipulación de medicamentos peligrosos orales. Actuación ante exposiciones a medicamentos peligrosos, derrames y roturas accidentales. Productos parafarmacéuticos: productos sanitarios y biocidas de uso humano. Dermofarmacia. Preparados dietéticos. Clasificación, aplicaciones y características de los productos parafarmacéuticos. Regulación comunitaria de los productos sanitarios. Material de acondicionamiento de los productos sanitarios. Material para la administración de mediación. Aplicaciones informáticas de bases de datos de parafarmacia

1. El grupo más importante de MP lo constituye:

a) Antineoplasicos.
b) Psicotropos.
c) Aines.
d) Anticolinergicos.

2. Según la NIOHS un medicamento que presenta riesgo para la reproducción del hombre pertenece al grupo:

a) 1.
b) 2.
c) 3.
d) 4.

3. No es un factor que condicione el riesgo de exposición de los manipuladores:

a) Estructura.
b) Peligrosidad intrínseca.
c) Nivel de exposición.
d) Composición química del producto.

4. ¿Cuál de las siguientes afirmaciones sobre la recepción y almacenamiento de los MP es falsa?

a) Su desembalaje se debe realizar en zonas estériles de presión positiva.
b) Su embalaje debe ser fácilmente reconocible.
c) Su embalaje debe ser resistente a altos impactos.
d) El personal debe estar formado convenientemente.

5. La etapa de mayor riesgos en los MP es:

a) Embalaje.
b) Preparación.
c) Transporte.
d) Desembalaje.

6. No es una recomendación para la preparación de MP:

a) El profesional no debe usar maquillaje.
b) Todo el material usado se desechará como residuos peligrosos.
c) Deben usarse sistemas abiertos.
d) Antes de colocar los MP en la bandeja de preparación deberá retirarse el embalaje.

7. Lo ideal es transportar los MP mediante:

a) Tubos neumáticos.
b) Sistemas mecánicos.
c) Contendores q minimicen el riesgo de daño.
d) Todas son ciertas.

8. En la preparación de los MP es una medida de prevención secundaria:

a) Cabina de seguridad.
b) EPI.
c) Sistemas cerrados de transferencia.
d) Salas blancas.

9. De forma general podemos decir que el EPI básico:

a) Guantes dobles.
b) Gafas
c) Bata.
d) Incluye todo esto.

10. Ante una exposición a cisplatino, las normas de actuación son:

a) Lavar con agua y jabón.
b) Lavar con agua.

c) Lavar con agua y jabón o solución de bicarbonato sódico.
d) Ninguna de las respuestas anteriores es correcta.

11. Si se produce un derrame de vindesina, fuera de la cabina de flujo laminar, el neutralizante es:

a) Tiosulfato sódico al 5 %.
b) Hipoclorito sódico al 10 %.
c) Hipoclorito sódico al 5 %.
d) Hidróxido sódico 1N.

12. El hidróxido sódico 1N está indicado como neutralizante para:

a) Ametopterina.
b) Teniposido.
c) Tiotepa.
d) Las respuestas a) y b) son correctas.

13. Los citostáticos vesicantes, cuando se extravasan, generan:

a) Dolor o irritación local.
b) No causan problema en caso de extravasación.
c) Necrosis.
d) Ninguna de las respuestas anteriores es correcta.

14. Se consideran citostáticos no agresivos en caso de extravasación, los siguientes:

a) Pentostatina.
b) Epirrubicina.
c) Bleomicina.
d) Carmustina.

15. Se consideran citostáticos vesicantes en caso de extravasación, los siguientes:

a) Docetaxel.
b) Dacarbazina.
c) Irinotecan.
d) Ninguna de las respuestas anteriores es correcta.

Solución al test n.º 30

1. a) Antineoplasicos.

2. c) 3.

3. d) Composición química del producto.

4. a) Su desembalaje se debe realizar en zonas estériles de presión positiva.

5. b) Preparación.

6. c) Deben usarse sistemas abiertos.

7. c) Contendores q minimicen el riesgo de daño.

8. b) EPI.

9. d) Incluye todo esto.

10. b) Lavar con agua.

11. c) Hipoclorito sódico al 5 %.

12. d) Las respuestas a) y b) son correctas.

13. c) Necrosis.

14. a) Pentostatina.

15. d) Ninguna de las respuestas anteriores es correcta.

Cómo acceder al Curso

Técnico Medio Sanitario en Farmacia
Test del temario

El uso de los códigos **es exclusivo de los compradores de los productos de Editorial MAD**. Cada producto posee un código único y de un solo uso. Es personal e intransferible y da acceso a servicios y contenidos adicionales. Editorial MAD se reserva el derecho de hacer cuantas comprobaciones sean necesarias para identificar al legítimo poseedor del código y dejar de dar servicio a quien haga uso fraudulento del mismo, además de emprender cuantas acciones legales estime oportunas según la legislación vigente.

Deberás acceder a:

mad.es/registro-campus

Si una vez aceptadas las condiciones de uso del Campus decides hacer uso del mismo, necesitarás del siguiente código de acceso junto con los códigos del resto de títulos que se exigen (si fuera el caso):

N619AT8EWX